初めての〝老い〟を上手に生きる

沖幸子

笠間書院

プロローグ

人は、いつのまにか少しずつ気づかないうちに年をとります。

地球上の生物の避けられない現実である。

「年はとりたくないもの」と老人たちの多くはつぶやきますが、考え方を変えればまんざらでもなさそうな気がします。


健康に自信がない、子どもがつれないあてにならない、老後資金が足りない。

その不満や不安の内容は人によって様々ですが、年をとれば、人類や世界を救うなど大それたことは考えず、他人に迷惑をかけずに自分が今どうやって快適に暮らせるか、少しばかり世の中のためになる小さな知恵を働かせてみるだけでもいい。

老後の不安や寂しさを、必要以上にあおるような情報に惑わされないこと。

今の不安定な気持ちは、なんとなく、実体のない漠然としたものにとらわれているだけかもしれないのですから。

物理学的に言えば、この世のすべては幻らしい。

だから、なるようになる、と開き直ることも、老人には必要なことかもしれない。

幸せにもいろいろあって、人によってその内容や尺度は違う。

他人の物差しで幸不幸を測るのではなく、まわりがなんと言おうが思おうが、自分が良ければそれがベストなのです。

哲学的にも、世の中にはこれが正しいという正解はないのです。

老人は、将来を憂うことなく、日本は安全で経済的にも安定していると緩やかに信じ、世の流れに身を任せてみるのも楽かもしれません。

変革や進歩という言葉は、若者に任せ、むしろ、日常のなんでもない毎日をどのように自立し楽しく過ごすかに想いを馳《は》せる。

年をとった自分が、平凡な暮らしの中で、いかに上手に知恵を働かせ生きていくか。誰もが初めて遭遇する老人という役割を、無理なく上手に演じてみるのです。

かつて、〝暮らしを科学する〟という言葉がはやったことがあります。

自分へのエールを込め、〝老人を科学する〟気持ちで、つれづれなるままに綴《つづ》ってみました。

本書が、初めての〝老い〟を豊かに楽しむきっかけとなり、何か小さなお役に立てれば幸いです。

お気に入りの萩焼の急須。
ふたが壊れても、一輪挿しにすれば
窓辺でいつまでも身近に。

ちょっとした工夫

引き出しに、香りのよい石鹸を入れ、防虫と芳香を同時に。
タオルを使うたびに良い香りで心がほっこりと。

ちょっとした工夫

季節を感じる鉢植え。
時々は、植え替えて
気分転換。

部屋のすみに炭を入れた
おしゃれな籐のかご。
消臭と湿気対策にも。

さりげなく、部屋の
すみに石鹸を。
自然の良い香りが
部屋中に漂って。

はるか昔、新築祝いに両親から贈られた大きな鏡、
いつも、部屋も人も大きく温かく見守ってくれる。

床に余分なものを置かない。
広々とした空間は、見た目も美しく
掃除も行き届きます。

空間を楽しむ

部屋を最高にくつろげる空間にしたい。
好きな読書をやさしいランプの下で、いつも楽しんで。

小さなパティオを眺めながら、季節の移り変わりを楽しむ。
落ち着いた大好きな空間は、心を癒してくれる。

仕事の打ち合わせ、ゲストとのお茶時間、書類の整理など
美しく静かなドイツでの思い出の懐かしいコーナー。

小物に癒される

異国を旅した思い出の小物の数々。
組み合わせてあれこれ物語を作る。

思い出の数々を、実用的に組み合わせて飾ってみる。
使うたびに、外国での暮らしがなつかしく思いだされて。

ドイツに住んでいたころの隣人夫妻からのプレゼント。
見るたびに、仲の良かった老夫婦を思いだす。

淡いランプの下で、ピアノとフルートの協奏。
どこかから、モーツァルトの曲が聞こえるような。

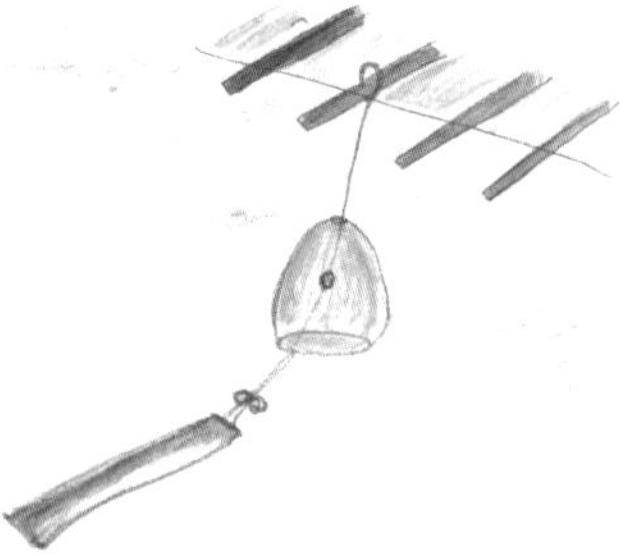

イラストで季節を感じる

イラスト／沖 幸子

初めての〝老い〟を上手に生きる

目次

第1章　心をやさしく穏やかに

第2章

健康にあるがまま生きる

第3章

簡単に暮らし、上手に住まう

第1章

心をやさしく穏やかに

老いを考える

気がつけば、いつのまにか、後期高齢者と呼ばれ、老人の仲間入りをしていることに愕《がく》然《ぜん》とします。

肉体的にもいろいろとほころびが出て、〝老い〟を自覚することも多くなる。

でも、心はまだまだ若く元気でいたいと願いながら、現実もしっかりと見つめていかなくては、と自分に言い聞かせる。

まわりから、〝年をとることは、その分経験が増え、できることが広がる〟と言われても、なかなかそう簡単にやりたいことやできることがぶら下がっているわけではないのだから。

充実した老後を過ごすにはどうしたらいいのか、多くの老人が夢を抱く。

人生100年時代と言われ、〝適当にさよならしたい〟と言いつつ、内心では、多くの人がいつまでも元気で長生きしたいと望む。

可能な限り、元気で若々しく健康でいたい。介護など受けたくない、と。

この老人の長寿願望に便乗した健康ビジネスがあふれている。

テレビを付ければ、効くかどうかわからないサプリメントや飲み物を「今ならお得！」「初回無料」「30分以内のお電話なら半額」と暇な老人視聴者の心をくすぐる。

でも、よく考えれば、生物には限りがあり、いつまでも永遠に元気で生き続けられない。人それぞれ、適当な時期がきたら、それはそれなりに覚悟がいる。

どれだけ努力しても老化は避けられない。人は、生まれた途端、老いへの片道切符を手にしているのですから。

永遠の命を与えてくれるサプリは、魔法の国へでも行かない限り存在しない、夢のまた夢の世界。

だから、いつまでも元気でありたいと心で願っても、それはあり得ないこと。

肉体の衰えは止めようがなく、強く願うほど、やがて来るそのときに、はかなくつらさが倍増する。

商魂たくましい世の中に翻弄されない！　騙《だま》されない！

テレビや雑誌の派手なＣＭに出会うたび、〝いじけた老人〟に変身することにしている。

何でもない一日を、特別のものにするように願い暮らすこと。

巷《ちまた》にあふれるいかがわしい健康サプリも今日の安心のためにのためのものであって、明日以降の永遠の命や若さを得るためのものではない。

老いとは、最終ゴールへの〝準備と諦観〟を携え、明るく軽く〝助走する時期〟なのです。

人は、生を享《う》けた途端、一日一日、老いへの道をひたすら進んでいく。

〝老いる〟ということは、人生の最終ゴールが見え始めていると自覚し、やがて来るそのときのために、心の準備を始め、この一瞬の今を充実させるときなのかもしれません。

老人と幸せ

ほとんどの人が、ほどよく幸せに老後を暮らしたいと思う。

老人の幸せとは、何か。

人それぞれにその幸せ観は違うようです。


ただ、老化するということは、行動範囲が狭まり、社会生活への関心が薄れること。

だから、欲を出さず、ほどよく幸せに暮らせばいいのです。

生ある限り、幸せに生き続けるためには、肉体的にそこそこ健康であることです。

もちろん、手術を伴わない軽い病気なら、適当に薬を飲んで、医者の言うことを守り、病気と仲良くすればいい。

身体の衰えに反して、大事なのは、心が豊かであること。
それに、少しは社会の変化に関心を持ち、孤立しない程度に、今の環境に適応できれば十分。

老化現象と仲良くしながら、時々は心が青春時代に戻るのも楽しい。
一億総アンチエイジングに過剰に反応することなく、寿命は運命と受け入れ、淡々とわが道を全うしていく。

高齢者は、ややもすると、残り少ない時間、去り行く人々や身内のつれなさを嘆き悲しみ、〝何のために生きているのか〟と愚痴りたくなることがある。

沖縄に、100歳に近い老人が、畑仕事をしながら自立し、親切なまわりの人々に囲まれ一見、幸せそうに暮らしている村があるそうです。

都会の孤立した寂しい高齢者から見ると、〝まるで楽園〟のようでうらやましいような幸せで充実した暮らし。

ところが。

そこに住む老人に聞き取りをすると、〝長生きしたいわけではない〟〝何のために生きているのか〟と話すという。

なるほど、どんな環境に暮らしても、老人の憂いや不安は共通するようです。


いつまでも、幸せに浸りたいと願うのは、おとぎ話の世界。

〝幸せの青い鳥〟は、求めるものではなく、自分自身の心の中に見つけ育てるもの。

人間は何歳になっても、どんな環境でも、満ち足りることなく、良くも悪しくも〝考える葦《あし》〟なのです。

毎日が〝一期一会〟

年を重ねた今、思うこと。

それは、すべての出会いに意味があり、二度と出会えない今このときを、心から大切にしたい。

学生のまだ若いころ、茶道を習っていたことがあります。

そのとき、年老いたお茶の先生宅の床の間に、〝一期一会〟と墨で太く書いた掛け軸がかかっており、茶道の精神だと聞かされました。

やがて大学を卒業後、ＡＮＡに入社したその日に初めて、当時社是になっていた〝一期一会〟の意味を知らされたのです。

どんな出会いもそのとき限りかもしれない、だから心を込めてもてなす。

お茶の心、〝一期一会〟は、機上のおもてなしの大切な基本なのだと。

新社会人として、その言葉との二度目の出会いで、禅の精神〝一期一会〟の深い意味を知ったのです。

明日のこともわからない戦国時代に盛んになった茶道。

これから戦場へ向かう武士たちが〝一期一会〟の気持ちで静かにお茶をたてて飲む。その精神が戦場へ向かう兵士たちの乱れる心を静め、慰めてくれたのかもしれない。

禅の教えでもある〝一期一会〟。

その心は、武士たちを死への恐怖から解放し、果敢な気持ちで戦いに臨むことができたのでしょうか。

肉体も衰えはじめ、いよいよ人生の黄昏《たそがれ》を感じ始める日々。

弾けるような若いときにはなかった、明日への〝不安や寂しさ〟に襲われ、明日のことはわからない、と老いの心は悲しさで満たされ萎《しぼ》んでしまいます。

残された残りの人生（一期）で出会うものや人、出来事などはそのとき限り（一会）かもしれない。

だから、どんな出会いにも、心から丁寧に、大切にする気持ちで接していく。

毎日の中で小さな喜びを見つけ、意味のある時間にしたい。

老いて知る〝一期一会〟の気持ちで暮らすことの大切さ。

二度と巡り合えないかもしれない人、そして、今日のこの日、だから、大切に丁寧に生きる。

その心は、老いの残り少ない日々を充実させてくれるに違いないのです。

心の〝もやもや〟

老いて初めて知ること。

それは、老人というものは、〝楽しい〟と、心から感じことが少なくなる。

若いときのように、ルンルンと心がスキップするようなことはないし、むしろ、〝不安や寂しさ〟を感じることが多くなったような気がします。

老人でも怒りやすい人はまだ元気な残り火があるほうで、それすら感じなくなって〝どうでもいい〟となった途端に、生きる屍《しかばね》のように無気力になってしまう。

80代の友人が「気分がすぐれない」と、腰のリハビリに通う医者に訴えると、〃外をゆっくりと歩いて気分転換しなさい〃と言われ、あげくに、老人性うつの傾向があり、とカルテに書かれてしまい、さらに落ち込んでしまったという。

〃落ち込んでいる〃とか〃元気がない〃と、誰かにこぼすと、〃元気を出して〃〃運動でもして身体を動かして〃と、何かの本に書いてあるような答えで勇気づけようとしてくれるでしょう。

でも、言われた言葉や書いてある方法に従っても、よくなるものではない。

自分のやり方で何とかしようとする緩やかな自力本願も必要なのです。

整理整頓好きの人（たいていは超まじめで完ぺき主義な人が多い）が収納専門家の本に従って、すべてのものをなくしてみたら、家はスッキリしたが、心は侘《わび》しくなって病院通いをしているという。

ある講演会で本人からこんな悩みを打ち明けられたとき、「パッと見て〃そこそこ、きれい〃が一番ですから、あとは気にしない。ものは必要な場所にあるほうが、心も部屋もすっきりする」と話したところ、数週間して、「〃そこそこ〃と考えただけで、心が軽くなりました」と、絵文字が楽しそうに踊るメールが来たのです。

その人は、たぶん、完ぺきな自分に疲れ、自分なりの暮らし方が〃そこそこ〃の落としどころに落ち着いたのかもしれません。

消極的で陰気な人に、いきなり活動的で陽気になれと言うと、〃どうしていいか〃と迷い、心が混乱します。

あくまでもあるがままの自分になれることが大切なのです。

自分流の心の慰め方を知ること、それが心にも身体にもいい。

医者は、症状を訴えると、身体が回復する方法や薬を処方してくれますが、本人の性格や日々の生活環境までは変えてくれません。

軽い心の〃もやもや〃は、社会との新しいかかわり方や自然との対話など、自分なりの環境を整えることで、ある程度解決できそうです。

もちろん、自分の性格をよく知ることも大切です。

やっかいな〝怒り〟

一般的に、年をとると、我慢ができなく、怒りっぽくなる、とよく言われます。

確かに、昔は簡単にできたのに、できないことが増え、自分や他人への怒りの感情が沸き起こることが多くなるようです。

しっかりと閉めたつもりの蛇口から、ぽたぽたとしずくが落ち、せっかくきれいに拭いたはずのシンクや洗面台に水しぶきが飛んで、また掃除の手間がかかる！

急いでいるときに、針の穴に糸がなかなか通らない！

こんなときのイライラからくる怒りの感情は、〝無意味〟で〝無駄〟と言い聞かせましょう。

怒ったところで、若いころのような強い握力がよみがえるわけではないし、老眼が回復し細かいところまで見えるようになるわけでもないのです。

むしろ、取り切れなかったほこりが気になることもなく、余計なものが細部まで見えないことで、心が穏やかになることだってあるのですから。


老いからくる怒りの感情と、正面から向き合い闘わない。

怒りの原因になっていることを探し、取り除くようにすればいいのです。


老いによる握力の減少は、自然現象、これまで以上に力を入れて、蛇口を確かめながら閉めればいいのです。

老眼対策には、穴の大きな針を使い、100円ショップで糸通し器を見つけてくれば悩みは解消します。

散歩途中で苦手な人に会うのが嫌なら、散歩の時間をずらしたり、散歩の順路を変えれば済むことです。

アパートの隣人にいつも怒りを覚えていたら、理解し好きになる努力よりも、さっさと引っ越しを考えたほうが、人生が楽しくなりそうです。

レジでもたもたして、後ろの若者から〝早くしてよ！〟と怒鳴られて逆に怒りがこみ上げないように、動作を機敏に小銭やカードを早めに用意しておく。

さらに、支払いをしながら、わざと後ろを振り返って、気にしているふりをすれば、〝もたもたしないで〟と言いづらくなるものです。

Aさんは、満員電車で疲れて座りたいと思えば、体格のいい若者の前で、しゃがみこむそうです。すると、たいていの人は、席を譲ってくれるらしい。

だれも席を譲ってくれない、冷たい社会になった、と憤慨せずに済む。

〝老人の怒りのリスクマネジメント〟と愉快そうに笑い飛ばすAさん。

彼は、老人ならではの〝厚顔無恥〟や特権を駆使し、怒りを解消し楽しんでいるようです。

かつてビジネス界で成功した人ならではの発想に、〝座布団2枚！〟と叫びたくなります。

若いころより、怒りっぽくなったと感じたら、そのもとになる原因が何かを確かめ、解決すればいいのです。

不安な気持ち

老いと不安な気持ちは、いつも仲良しです。

不安の中心は、たいていは〝病気とお金〟。

いつ死んでもいいと豪語している人でも、病院の検査の数値が高いと言われると、異常なまでに反応し不安になって、右往左往することがあります。

知り合いの中には、ちょっとした症状でも恐ろしくなり、胸がどきどきして、夜が寝られなくなり、心を病んでしまった人もいます。

普段から、病気については、〝そのときに考えればいいい〟と無神経で楽天的な私でも心の底で気になっているのでしょうか。

人間ドックでは、いつもは正常値の血圧が、普段よりも10くらい上がってしまいます。

知人の医者に話すと、〝白衣高血圧〟と一笑されてしまいましたが。

私のように、病気や医者に不慣れな人によくある話だそうですが、おおざっぱでいい加減な私でも〝繊細で神経質な部分もあるのかしら〟と、急に自分が愛おしくなってしまいました。


老人の会話でよく出るのが、〝認知症になったらどうしよう〟。

知っているはずの名前が出てこない、何をするつもりだったか忘れるなど、よくある些《さ》細《さい》な老化現象なのに、認知症の兆候ではないか、とかぎりなく恐ろしく不安になってしまうらしいのです。

考えれば、昔の老人は70歳以上にもなれば、ほとんどが程度の差こそあれ、認知症ではないかと思うほど、〝忘れた〟〝わからん〟の連発、昔は認知症という言葉もなく、わずかな記憶でも不自由なく元気に過ごせたいい世の中でした。

ついでながら、今は、若者の間でも〝スマホ認知症〟なる病気があるらしい。

いつもスマホばかりいじっていると、考えたり気づいたりする脳の機能の低化が起こるそうです。

医学が進み、長生きする人が多くなるほど、いろいろな新種の病気が登場し、老人の世界も過保護になって住みづらくなります。


自分が本当に深刻な病気なのかと心配なら、近代的医学で徹底的に調べ、必要に応じて処置してもらえばいいだけのこと。

その都度、医師の診断を仰げばいい。

どこも異常がないとわかれば、永遠ではなくても、当面の不安は解消するでしょう。

何かあったらどうしようと、診断をくだされることが怖くて病院へも行けず、オロオロした毎日を送るほうが危険な状態です。


経済的な不安もしかり。

世間では、老後30年の生活費用は夫婦で２０００万円必要という。

２０００万円どころか葬式代くらいしかないのに、先行きどうなるかと、不安に思う人もいます。

２０００万円が何を根拠にした数字かどうかもわからないのに、いい加減なデータに迷わされ不安がさらに増す。

今の自分の懐具合を基準に、このままの生活を続けるかどうかを考えてみる。

老い先短い老人には、限られた時間しか残っていないのですから、5年後、10年後、20年後くらいで自分の人生を考えてちょうどいいかもしれません。

今の生活を続けられない、もっと切り詰めた生活にシフトダウンしなければやっていけないとわかれば、サッサと頭を切り替え、節約生活を考えればいいのです。

将来への経済的不安を抱えながら今の〝貴重な老人タイム〟を費やすよりずっと気が楽になります。

自然に、あるがままに

老人は、若者中心の社会では、屈辱を味わったり嫌な思いをしたりすることが多い。のろのろ歩いたり、耳が聞こえないので大声を出したり、何度も同じことを聞いたり、物がつかめなくなって落としたりこぼしたりしてしまう。

肉体的衰えに、〝ぐずぐずするな〟〝大声を出してうるさい〟とまわりに言われても、若いころの肉体に戻ることもできない。

なるべく、まわりに迷惑をかけない努力をしながら生きていくことも〝老人のエチケット〟と心得ることも少しは必要でしょう。

同時に、それ以上のことはできないと、老いの肉体的衰えや欠点を見せて、開き直り、助けてもらうことも、相手や場所によっては〝老人の知恵〟かもしれません。

ドイツに住んでいたころ、ヨタヨタ歩きのかなり高齢の婦人が転び、助け起こし、〝荷物を持ちましょうか〟と申し出たところ、〝ナイン、ダンケ(結構です、ありがとう)!〟とはっきりと、怒ったように断られてしまったことがあります。

せっかく、つたないドイツ語で助けを申し出たのに、若かった私はかなりショックで少し落ち込んだことがあります。

電車で席を譲られて怒る人もいるし、前述の知人のように、自分から席を譲ってほしい〝意思表示〟をする人もいる。

申し出を素直に受け入れる人、ドイツの老婦人のように明らかに肉体的に無理そうでも必死に自力で歩こうとする人もいる。

何歳になったら、人の助けを素直に必要と感じ、受け入れられるのでしょうか。

そのときの気持ちや感情に任せるしかないのです。

80代の知人宅で、ヘルパーさんが、〃おじいちゃん、とてもお上手にできましたね〃と、まるで幼児に話すような言葉遣いをしたらしい。

そばで見ていた80代の奥さんがカチンときて、よほど、うちの主人はアメリカの○○大学を出ているのですよ、と言ってやりたかったが、我慢した、と怒りが収まらない様子。

私とお茶を飲みながら、〃老人に対して上から目線で恩着せがましい言い方〃には我慢できない、とこぼす。

そのヘルパーさんに悪意はなさそうだが、やさしい言葉をかけるなら、老いも若きもない、大人同士の〃年長者への敬いの念〃を込めた普通の言葉遣いが自然でいい。

肉体的に衰えた老人でも、ドイツの老婦人のように、若い気持ちのまま気高くノーブルに自力で生きようとしている人もいるのです。

ただ、○○大学卒業だからそんな態度は失礼、と怒るのもどうかしら。

立派な経歴や学歴を持っていても厄介な老人もいる。

無学歴でも人格的に尊敬できるお年寄りも知っている。

学歴があってもなくても、人として、普通に接してくれればいいのです。

老若男女、誰もが必要以上の他人からの保護は要らない。


ただ、肉体的に衰えた高齢者に、やさしく接するつもりで、幼児扱いを感じさせる言葉では人によっては屈辱的にとられ、〝失礼な！〟ということにもなる。

老人は、未経験の幼児や赤ちゃんではない。

人生の荒波を越えてきた経験豊かな大人であることを忘れてはいけないのです。


近い将来、身体が不自由になって、人のお世話が必要になり、〝おばあちゃん、よくできましたね〟と頭を撫《な》でられたら、私はどうするだろうか。

たぶん、何もわからない、感じないほど脳が衰えていたら、〝ハイハイ〟と笑っているでしょう。

まだ脳も健全で、物事に対するはっきりした感情が残っていれば、〝若く見えますが、子どもではありませんよ！〟と、ほんのちょっと皮肉ってみる。

そして、屈辱感や怒りの気持ちを抑えるより、人や場所を変えるかもしれない。

命について

年を重ねると、身内や友人、知人との永遠の別れに出会うことが増える。

だれにでもいつかは訪れる死。これの厄介なところは、予測不可能なことです。

かつて経験した仕事や学問のように、はっきりしたルールや定義もない。

人それぞれ、いかに不確実な店じまいになるのか、本人も含めだれも予測がつきません。


できれば、あるがままに生きて、自然に人生を全うするのを理想と、自分の中で折り合いをつけ、禅的に生きている人もいます。

まだまだ生きたいと思っているうちに、死が訪れるもの、と仏教では諭します。


80代の友人は、自分の財産がしかるべき人に残るように、しっかりと遺言を作り、〝これで安心、いつ死んでもいい〟と、趣味三昧に暮らしています。

生きているうちに、自分の財産が死後どうなるかが、ある程度わかるのも安心できるようです。

彼女のように資産家でもない私は、〝今をしっかり生きて楽しければいい〟くらいで、死後の財産の問題は、残すお金も迷惑をかける人もいないので、必要なときに考えることにし、今は意識の外へ放置することにしている。

目の前には、注目すべき面白い暮らしが山ほどあり、死を意識し、遺言を作る時間も暇も、今はなさそうです。


先日観た日本映画で面白いシーンがありました。

自然に囲まれた山里で、ほとんど自給自足をし、合間に執筆をしながら暮らす60代後半のひとり暮らしの老作家が主人公。

演じる役者は、今は70代後半になった元アイドル歌手。

映画の中では、その老人の四季折々の暮らしが、セリフも少なく、静かに淡々と繰り返される。

自然に向き合い、毎日を丁寧に食べて書く、そして眠る生活。

平凡な生活の繰り返しを楽しんでいたあるとき、〝死んだ気持ちになってみる〟ことを思いつくのです。

その方法とは、毎晩布団に入って、〝皆さん、それではさようなら〟と死んだ気持ちになって眠りにつく。

おかしいのは、翌朝元気に起き上がり、また畑仕事や料理、執筆に精を出す。

死んだふりをしても、まだお迎えは、彼の期待通りには来ない。

人生は、自分の思い通りにはならない。無常なのだ。

それを、あるがままに受け入れ、コツコツと同じ生活を繰り返し、自分の人生を生き抜こうとする。

〝老いの暮らし〟の理想の姿。

その淡々とした見事な〝老いを演じる姿〟に共感しつつ、旬の食べ物を野山に探し求め、むさぼり味わう姿に、人間の生への執着を感じ、クスッと笑ってしまったのです。

イギリスの劇作家シェイクスピアも書いています。

〝(死は)来るときには必ず来る。必然の終わり、なのだから〟

何もすることがなく、時間を持て余すことが多いと、死の不安が襲ってきます。

老い先短い暮らしの中で、瞬間的でもいい、何か楽しいことを見つけ、それらに集中していときには、不安や恐ろしいことはすっかり頭から離れています。

短い老後をもっと楽しみたいと今やるものがあれば、恐れも不安も考える暇などなく、いつのまにか〝必然の終結〟が音もなく静かに過ぎ去っているかもしれません。

ひとり旅

最近は、時間を作っては、旅に出かける。

新しい出会いや発見がありそうな気がするからです。


月に一度、ある理事会のため、小さな海沿いの町にある部屋へ出かける。

いつも、高速道路が混むのを避けるため、車でなく、電車を使う。

2時間余りの車内で、人を観察するのは面白い。

平凡な日常を過ごす老人の閉じこもりがちな気分を解放してくれる自由な時間。

人の観察に飽きると、手持ちの新聞や文庫本を開く。

ひとり旅は自分で好きなように行動することができ、〝こんなこと、ある、ある〟を発見できるのも新鮮で、心も身体も喜ぶような気がします。

行動的に見える私ですが、実は、部屋で本を読んだり、料理、編み物など手仕事をする〝ひとり遊び〟は、大好き。

友人知人は、普段の社交的な私からは想像できないらしい。

人は見かけではわからないもの。

〝嫌いだが上手な掃除〟は、私の〝ひとり遊び〟には向かないし、楽しくない。

私の場合、〝嫌い〟ではなく〝好き〟なもののほうが、ひとり遊びには楽しく夢中になれる。


部屋で好きな音楽を聴きながら手仕事に夢中になって、たまにお茶を飲んだり、何時間でも過ごせるので、ひとりでも苦にならない。

むしろ、散歩や買い物など、ひとりで外へ出かけるのは苦手なのです。

ひとりで外へ出かける最初の一歩は、不安でかなり勇気が必要でしたが、それも最初だけ。二度目からは、目的さえあれば、楽しさに変わりました。

ひとりで行動することは、自分で判断し、精神的にも経済的にも自立している実感があり、心が解放される。

ひとり外食、ひとり旅、ひとり散歩、最近はひとりで行動することが楽しみになってきた。

外食もひとりなら、好きな場所で好きなものを遠慮なく食べられる。

これまで、職業柄、ビジネスランチで堅苦しい思いをしてきたせいか、外でのひとりご飯は開放感あふれ、自由度が高いので大いに気に入っています。


日本は高齢化が進み、男女とも平均寿命が80歳以上の長寿社会になりました。

元気な老人が街にあふれるように歩いている。

なかでも、最近目立つのは、老人のひとり行動。

それも男性が多い。

観光地へ出かけても、リュックを背負った男性のひとり旅が目立つ。

女性はまだひとりより数人のグループが多いが、男性はたいていひとり。

女同士、声高くワイワイガヤガヤとにぎやかに旅をして、疲れないのかしらと案じるが、高齢になっても、女性のほうが元気でひとりよりおしゃべりができるにぎやかな集団行動を好むのかもしれない。

老いてますます自由な時間が増え、これをどのように活用するかが、老人生活の大きな課題でしょう。

とはいっても、若いころと違い、いつも集団で行動するのも疲れるもの。

たまには、ひとり静かに自分の時間を好きなだけ自由に使いたい。

そこで、ひとり遊びのできない人は、まずひとりで行動することから始めてみる。

近くのホテルのレストランの〝ひとりご飯〟に挑戦する。

ひとりで、小さな美術館や映画館に出かけてみるのもいい。

星が好きなら、昼間の都心のプラネタリウムもおすすめ。

お客さんも暇な学生のカップルが数組程度、静かで、ほとんど貸し切り状態です。

散歩の途中に、若者でにぎわっているコーヒーショップのスターバックスへ立ち寄り、〝チャイ ティー ラテ、ショート、シナモン多め〞と、スラスラ流暢《りゅうちょう》に注文してみる。

先日、いつものとおり、チャイ ティー ラテを〝シナモン多め〞と注文したら、若い店員さんに、〝私も多め好きなんです!〞と共感のまなざしを向けられた。

〝ひとり遊び〞が楽しくなれば、おひとり様でも参加可能な近くの2時間クルーズもいいし、日帰りグルメバスツアーも面白そう。

やがて、一泊旅行ができるようになり、お金さえ許せば、海外短期語学研修まで広がる可能性がある。

コロナ騒動の前、75歳の友人は、1か月間、イタリア語学研修のホームステイを実現させた。

受け入れ先のイタリア人家庭では、20代の若者が来ると思っていたのに、彼女の年齢を聞いて〝75歳！〟と、びっくり仰天したそうです。

でも、日本からはるばるやってきた元気な〝おばあさん〟、みんなからは〝40代にみえる！〟と大人気だったそうです。

来年は、御主人を日本に置いて〝ひとりが気楽でいい〟と、イタリアに半年滞在する計画もあるそうです。

他人に気を使うこともなく、自由気ままな〝ひとり遊び〟は、まさに老人の世界。

さらに、何事も自分で決めなくてはいけないので、脳は若返り、身体中の細胞が活性化するような気がする。

イタリア語学研修経験者の友人は、〝30歳は若く見られた！〟と、よく見ればそれなりの年輪が刻まれた顔を隠そうともせず、ガハハと豪快に笑いながら嬉しそう。

乳がんを克服した彼女の場合、イタリアへのひとり旅は、長生きする自信につながったようです。

疲れた心に〝心の森〟

年を重ねるごとに、心も身体も、いったん蓄積された疲労は、回復するのに時間がかかる。

若いころは、どんなに落ち込んでも、好きな食事をし、ミルクたっぷりの上等のチョコレートを丸かじりして、熱いお風呂に入って一晩寝れば、翌朝はスッキリと元気を取り戻せたものです。

今は、よほど、気分転換や気持ちの切り替えをしないと、疲れがダラダラと残る。

老いた心身の健康のためには、すぐに疲れを追い払う、ことが大切。

心が疲れて元気がなくなり、医者に〝何もする気力がない〟と訴えると、〝老人性うつ〟と診断されてしまいます。

その前に、自分である程度、〝心の疲れ〟を回復させる方法を持っているといい。

私の場合、昔から長電話をする時間も習慣もないので、人に聞いてもらって疲れを癒《いや》すより、自分で自分を癒す方法を見つけるようにしています。

自力で得体のしれない疲れを癒してから、友人や知人と心おきなく食べたり飲んだりする。

たとえ、自力で100％疲労回復できなくても、8割くらいまで回復すれば良し、とする。

後は親しい人々とたわいもない食事やおしゃべりをすることで、残りの2割もほとんど完治、癒されることが多い。

心が乾いてカサコソと音がし始めたら、私は、近くの明治神宮や小さな公園へ出かけ、自然の中を歩き回ることにしている。

森の中の木々の間をしばらく歩き回ると、少しずつ枯れそうな心が癒されて元気が出てくる。

散策の仕上げは、近くのコンビニによって、フルーツや生クリームたっぷりのスイーツを数個買う。

普段は、身体に良くないと口にしないスイーツですが、こんなときは、食べたいものを選ぶ。

好きなお楽しみを、自分へのご褒美に、心と身体にプレゼントするのです。

自然に親しみ、森を歩くのが好きになったのは、亡き父の影響かもしれない。

子どものころから、一緒によく森へ出かけたり、畑を耕したり、大自然の中を歩きながら、木々の名前を丁寧に教えてくれたものでした。

やがて成人し、社会人になり、起業し、たまに帰郷した私を、よく近くの森の散策や山歩きに誘ってくれた父。

大都会で大胆にもひとりで起業した娘の疲れた心を想い、黙って木々の安らぎの中へ連れ出してくれたのでしょう。

今、老いて初めて知る、父から娘への深い思いやり。

ドイツに住んでいたころも、ホームシックになりそうになると、よく近くの森を歩いた。

森の好きなドイツ人に倣って、ミノス（零下）の凍てつくような冬の寒い日、木漏れ日がまぶしい短い夏の日、自然の木々に囲まれた森の中を歩き回る。

そうしているうちに、なぜか、外国暮らしのストレスから自由になり、心にさわやかな緑の風が舞い込んでくるのです。


残念ながら、近郊は別にしても、住んでいる都心には、ドイツの街のように、すぐ近くに森を見つけることはできない。

幸いにも、家の近くにある明治神宮が私の〝心の森〟。

ドイツの森を思いだすような木々が、いつでもやさしく迎えてくれる。


夏を過ごす森の家には、大きなブナ、楓《かえで》、メイプル、もみの木などが、お帰りなさい！と手を広げて迎えてくれる。

ヨーロッパでは、ブナの木は「森の母」。森の妖精のやどりぎ。

その木の下にたたずむのが好きで、時間や仕事も、人間であることも忘れ、まるでメルヘンの世界の妖精のような気分になれるから不思議です。

そういえば、いわゆる森の中でのフィトンチッドの森林浴は、心も身体も元気になれるそうです。

老いた心には、わざわざ遠くの森へ出かけなくても、〝心の疲れ〟を癒してくれる〝心の森〟がとても大切です。

私が癒される〝心の森〟は、他にもいろいろ。

椅子のある本屋さん、平日のプラネタリウム、早朝のコーヒーショップ。

最近は、近くの散歩道にある木のベンチ、高層ビルの中のピアノがある静かなロビーなど。

疲れを癒してくれる〝心の森〟は、探せば、どこにでもあるような気がします。

老人と上等の牛肉

一か月ぶりに、80代の知人を訪ねると、時々電話で話していたにもかかわらず、直接見ると、顔がかなりやつれてしまっている。

〝どうしたのですか〟と聞くと、〝何も食べたくない〟と声にハリがなく、元気がない。まるで目的地を見失った〝古い難破船〟のよう。

90代前半のご主人と二人暮らしで、週三回のヘルパーさん、週一回の医師の回診もあって、要介護1の夫婦の日々の生活体制は十分整っているのに、どうしたのか。

電話で話す相手も少なく、自由にお茶を飲んだりする相手もいない。

毎日ネットで映画を観るだけの日々で、夜も催眠鎮静剤の力を借りないと、小刻みに5時間しか眠れない、という。

食べたいものもないし、作りたくもない、何のために生きているのかわからない。

元気がないのは、〝栄養ある食事と快適な睡眠〟に対するかつての専業主婦としての義務感を手放せず、不安となり、心に疲れとなってたまっていったのかもしれない。

このままでは、軽い〝老人性うつ〟への道をまっしぐらに歩き始めている感じです。

こんなきまじめな老人には、〝いい加減〟な雑談で、軌道を逸らしたほうがいいかもしれない、と思いました。

そこで、

〝小刻みでもいいから、足して5時間の睡眠で十分、時間があるのだから、昼寝をすればいい〟

〝食事は栄養のあるものを作ろうと考えない、お腹が空いたら好きなスナック豆菓子でもそばに置いておけば食べたくなるし、餓死しない〟

〝今さら栄養のあるものをきちんと食べなくてもいい、十分な睡眠をとれなくても大丈夫〟

〝今度、上等の牛肉をたくさん買ってくるので、一緒に死ぬほど食べましょう〟

以上、自分でもあきれるほど何の根拠もない雑談をし、その場はにぎやかに過ごしたのです。

笑い話のようですが、数日後、持参した有名店の600gの上等な牛肉をご夫婦と三人でワイワイガヤガヤと、食べ終わったら、〝うつらしき症状〟の老女に〝美味しかった、幸せ！〟と元気な笑顔が戻ったのです。

しばらくするとまた同じ悩みや疲れが彼女を襲うかもしれないが、今は瞬間的に解決したらしい。

〝今日のことは今日考える、明日のことは明日考えればいい〟と、自分にも言い聞かせたのです。

高齢者の疲れた心には、時には、上等の牛肉をお腹いっぱい食べるのも、薬より無害で無難な〝カンフル剤〟になりそうです。

主役は私

人生は、芝居でいえば、舞台です。

様々な役者が登場し、いろいろな役柄を演じ、やがて去っていく。

若い役者を演じる人も、やがて必ず老人の役が回ってくる。

考えれば、今の私は、老人の役が回ってきて、その役を演じている最中です。


老人の役は、誰もが初めてで、これまで演じてきた先輩たちは、それぞれのクセや上手下手がありました。

これまでの老人のまねをして、同じように演じる必要はありません。

脚本もない。

主役はあくまでも私。

私なりの老人の役を演じればいいのです。

これまでの老人役の一部は、「ケチ、退屈、同じことを何度も話す、病気や年金、不平不満を愚痴る、過去の仕事、子や孫の自慢話ばかりする」などを演じてきたようですが、そのまねをする必要はないと自分に言い聞かせる。

これまでの他人が演じてきた老人役を気にせず、自分なりのやり方で、あるがまま、自然に演じてみせれば十分です。

時には、若い人があこがれるような老人役を模索してみましょう。

昔話は、老人にはつきものですが、抜群に上手な話し手なら、誰もが面白がって聞きほれるかもしれない。

単なる過去の自慢話では、人の心に感動を与えないし、面白くもおかしくもない。

三文以下の役者の烙印《らくいん》を押され、会場からブーイングが飛びます。

どうせ語るなら、〝アンコール！〟と言われ、拍手喝采《かっさい》を浴びるほど、会場を沸かせてみるのも役者冥利に尽きるし、何よりも自分が楽しい。

喜劇役者にでもなったつもりで、自分を卑下し面白おかしく語ると、観客はもちろん、自分も楽しめそうです。


時には、上質のユーモアを連発し、老人はきまじめで融通性がないと思っている観客の虚を突くのも面白い。


どこかの集まりやパーティで聞いたユーモアあふれる話題を、自分流にアレンジし、リメイクしたものを話すのもいいかもしれません。

ある席で、80代の紳士が〝私はBMWを楽しんでいます〟とあいさつした。まわりのみんなは、〝その年で外車に乗って、いいねえ〟と、半分やっかみも入って一瞬、しらけムード。

すかさず、その老紳士、〝Bは自転車のバイシクル、MWは毎日のウォーキングです〟と。

〝そうか、なるほど〟と、感心と安心感も手伝って、会場は笑いの渦に包まれたのです。

ドイツ人はよく天候の話をするが、天気を重要に考えているわけではない。あたりさわりのない自然の話題で、初対面同士の会話をスムーズに進めるイントロやプロローグとして使っているに過ぎない。

また、話が途切れたときの間《ま》を埋めるために、〝天気〟を使うこともある。ドイツ流に、自分なりの会話の間を埋める言葉を探してみるのもいい。

老人の話題で退屈なのは、病気と家族の自慢。

息子が昇進した、孫が数学で一番になった、などなど、子どもや孫の自慢を話す人がいるが、〝それがどうした！〟と、観客は面白くないし、興味もないでしょう。

世の中には、孫や子どものいない人も不仲の人もいる、そんなことが年輪を重ねた老人がわからずにどうするの、と口には出さないが、観客は、心の中では手厳しい。

子役が、父親の役職のついた名刺を胸につけていたら、最初は〝かわいい〟と笑いを誘うが、〝よく考えたら馬鹿じゃない！〟と、その子の親が変人扱いされるのがおち。ボケた老人役が、同じように、息子の名刺を名札にしていると、携帯に方向探知機がついているのと同じで、〝まわりは苦労するね〟と同情され、〝なるほど、いいアイデア〟と共感されるかもしれない。

舞台で演じる老人役には、観客の期待や失望、批判が入り混じっている。演じ方によっては、いわゆる老害として煙たがられることも知っておくことです。

人生という舞台の主役は、あくまでも自分であることも忘れない。あるがまま自然に生き、平凡に老いを重ねる姿を演じる。そして、観客が〝なんだか楽しい老人〟と拍手してくれれば、それでいい、と満足し、静かに幕が下り、消えていく。

一歩ずつ

年を重ねながら、たえず一歩前へ、新しいものに関心を持って生きていくのが理想。
過去の経験にとらわれず、今日一日を丁寧に生きる。
そうすれば明日へとつながり、また新しい発見が待っているような気がします。

世の中に、これがベストだという「正解」はないという。
老いても怖がらず躊躇《ちゅうちょ》せず、身体が続く限り、行動する。
その先には、必ず新しい何かの発見があり、それが衰えた脳の活性化にもつながる。
イキイキした脳は、認知症予防にも、心の若さを保つためにも必要条件です。

何十億年という地球の歴史に比べれば、たかだか100年にも満たない人の一生。
そんなちっぽけなものにこだわり、〝ああすれば、こうすれば、よかったのに〟とあれこれ悩んで歩を止めるより、いつも新しいことに関心を持って、行動し、少し前へ。

若いころに比べ、動作や歩みはノロノロかもしれないが、それでも〝一歩〟ずつ、前へ進む。

時間がたっぷりある老人は急ぐ必要はない、二段飛ばしや速足は、転んでけがをしたり〝身の程知らず〟になります。

まず、一歩。

一滴、一滴と、水が落ち、最初は空だった水瓶（老体）が、やがて水で満たされる。

老人の一歩の行動は、適度な緊張感になり、若さを保つエネルギーともなります。

〝老害〟を売りにする！

この数年、誘われて月一度のあるボランティア活動をやっている。

50代から80代までの元紳士淑女たち20人、そのうち女性は3人。あくまでもボランティア活動で個人の利益は関係ないのだが、いろいろなテーマが出るたび、それへの行動や解決策にそれぞれの個性や経験がにじみ出て興味深い。

70代の現役オーナー社長は、江戸っ子なのか〝てめえ、黙れ！〟のべらんめえ口調で上品とはいえないが、なぜか彼を悪く言う人はいない。

初めて会ったとき、〝パワハラになりかねないけど、会社は大丈夫かいな〟と、同情やら心配やらしたが、口は悪いが世話好きで、頼まれたことはホイホイやってくれる。

パワハラで訴えられたという話も聞かないし、聞くところでは会社の経営も軌道に乗っているらしい。

つまりその老人は、口は悪いが、正義感あふれ、活動的、そこに人が集まる。

違う意見には一応耳を傾ける〝ふり〟をするものの、方向違いの話になると、急に大声をあげて〝うるせえ〟と一喝する。

各々好きなことを言っていた老人たちが、一瞬シーンと静かになる。

そして、必ず最後に、老社長の言う台詞があるのだ。

〝年とると気が短くなっていけねえ〟と笑いながら付け足す。

なるほど、世間一般の〝老人は気が短い〟という冷ややかな目を思いだし、わがことのように納得してしまう。


大声で怒鳴る内容は、一応、理屈は通っているので、誰も反論しない。

大声と正論、それに〝老人は気が短くていけねえ〟という自虐的な反省のフリ。


世間で〝老害〟と言われる、老人のキレやすい気質は、そこに集まる老人たち全員が抱えている弱みでもある。

〝そうだ、そうだ〟と老人全員が、わがことのように、心で納得し同情し、老経営者の思うツボにはまってしまう。

その老社長のツルの一声で、老人たちはだれも反論せず、争うこともなく、スムーズに事が運び、話が前向きにまとまる。

老人は気が短いという〝老害〟のレッテルを逆手に取って、言いたいことを言い、老人同士の和を図る。

本人のストレス解消にもなって、この老社長さん、なかなかの人生の達人かもしれない。

心の切り替えスウィッチ

早起きの私は、身支度を整えて部屋を出る前にやることがある。

それは、起きてすぐ、ナンプレを一問解くこと。

何年も習慣にしていると、いつのまにか腕が上がって、超難関に取り組むまでになったが、いつもかける時間は、10分くらいと決めている。

それ以上は、ついつられ、ゲーム依存症になっても困るので自制している。

この朝の数分間、数字をあてはめながら、今日の行動予定をあれこれ考える貴重な時間になっている。

脳のトレーニングにもなるらしいが、私の場合、数字を並べているうちに、昨日までの嫌なこと煩わしいことが、まるで聖水で洗われたように消え、心の切り替え〝スウィッチ〟になる。


老いた心は、道具同様、長年使い続けると金属疲労を起こす。

ちょっとしたきっかけで、何か重りでも飲みこんだかのように、心が深く重く沈んでしまうことがある。

きっかけはいろいろ。

隣人の態度がいつもと違う、セールスマンにすごまれた、仕事がスムーズにいかない、階段でつまずきかけた、などなど。

たいていは、そのときの気分や体調によるものですが。

若いころは、簡単に修正が可能だったことも、老いた心には、ダラダラとなにかを引きずっているようで、延々と重く暗い毎日を過ごすことになってしまう。

年を重ねるごとに、老いて萎んだ心を回復させるのには時間がかかりそうです。心も建造物も同じ。年輪が重なり古くなるほど、修復作業も複雑で厄介、時間もかかります。

スウィッチは自動と手動の二種類あると便利。

朝、〝これからやるぞ〟と、心を元気にしてくれる自動スウィッチ。

さらに、普段はＯＦＦにしているが、心に重さを感じるようになったときに自分でＯＮに切り替えるスウィッチもあればいい。

心が重たくなってきたら、すぐ、ＯＮ！

気持ちを切り替えるための〝強制操作〟をする。

心の重荷になっている原因を突き止め、頭から追い払うよう、他のことに目を向け関心を持つようにする。

何でもない日常生活からくる暗い〝心の瞬間的うつ〟状態は、すぐその場で解消することが大切。

老人は、ダラダラと引きずり、〝老人性うつ〟と言われてしまうことがよくあります。

危ない！　と思えば、すぐ〝スウィッチ〟を切り替える。

私の気分転換の〝スウィッチ〟は、いろいろ様々。

本屋に出かけ、片っ端から雑誌の立ち読みをする。

帰り際には、いつものスタバに寄って、シナモン多めの〝チャイ ティー ラテ〟を飲む。

店内で、ひとりでパソコン画面を眺めている若者の服装を観察しながら、職業をあれこれ想像するのも楽しい。

心を軽くできる、自分なりのいつもと違う〝非日常行動〟を多く見つけておく。

そうすれば、スウィッチひとつで変身でき、心が軽くなります。

これまでの経験を生かせば、あちこちに、それらの知恵が転がっているかもしれません。

大声で笑う

前述の老社長のような大きな怒声は、まわりを納得させる熟練のテクが必要ですが、誰でもできるのは、大声で笑うこと。

大声を出して笑ったり歌ったりする習慣は、老いた声帯を強くし、誤嚥性肺炎などの病気を防いでくれるそうです。

医学的にも、声を出して笑うと、脳の血液量が増え、免疫量が高まり、がん細胞が増えにくい効果があるといわれます。

大声で笑った後は、心も軽やかになって、さわやかな気持ちになることは間違いありません。

おかしいことがあれば、大げさに、まわりに失礼のない程度に大声を出して笑う。

〝何がそんなにおかしいの〟と思われることでも、大きな笑い声は周囲を明るくし、元気をもたらすことが多い。

アハハ、と大声で笑えば、明るい声につられて、いつの間にか笑いを誘い、その場が和む。

大声で笑うことは、自分だけではなく、他人までも元気にする無料の〝サプリ〟。

毎日、ベッドに入ると、今日は何回アハハと笑ったかな、と自分に問いかける。

バタバタして、笑う暇もないほど忙しく過ごした日なら、過去のおかしい出来事を思いだしてみる。

人生経験が長ければ長いほど、笑える過去の面白い話題はたくさんある。

私の最高におかしい傑作は……

重要な会議の席で、対面に座っていた中年の役員のズボンの片方の裾《すそ》がめくれ、穴のあいたステテコがむき出しになっていた事件！

笑うに笑えず、必死に笑いをこらえた思い出。

おかげで、会議の内容よりも、おかしさをこらえることで必死だったこと。

今でも、そのときのマンガの世界のような状況を思いだすと、失礼ながら、笑いがこみ上げる。

他にも、ここでは書ききれないお笑い事件の数々。

老人には、人生の年輪の数だけ〝お笑いの思い出〟があるようです。

寝る前に、昔のお笑い事件を思いだし、大声でアハハ、アハハと笑った後は、心も身体も幸せ気分。

〝笑う門には福来る〟

一日の疲れもどこかに吹っ飛んで、安らかな脳内ホルモンが出て熟睡できそうです。

ちょっと新しいことを

もう年だから、と考えると、身体も脳も、心までも老け込んでしまいます。
いつも新しいことや世界に関心を持ち、自分の暮らしに取り入れることができれば、マンネリ化した脳を活性化できそう。

時間があれば、ＤＩＹの店やデパ地下をブラブラしたり、家電量販店で新型のパソコンや電気製品などを見て回ると、何か新しい気分が生まれます。

デパ地下では、いつものあわただしい食材の購入とは違い、旬の食材やデザートなどゆっくりと目で味わうことができ、心が美味しさで満たされる。

大型家電売り場で立ち止まって見ていると、必ず若い店員さんが声をかけてきて、新発売のスマホやPCの知識を熱心に披露してくれる。

内容のほとんどは理解不能ですが、聞くふりをするうちに、半分くらいはなんとなくわかってきて、世の中の進化のスピードの速さに驚き、刺激を受ける。

若者と同じスピードで先端技術を理解したり、扱うことは難しいし、疲れるので、競いたくないが、知識はある程度持っていたいと思う。

時間は十分あるので、体力が許せば、新しい情報のアンテナを張り巡らせ、興味を持てるものがあれば、西に東に飛んでいくくらいの若い気持ちは保ち続けたい。

話題の新刊や映画も、絶えずチェックし、目を光らせていると面白い発見がある。

読んで面白いと感じた話題の翻訳本も、共通の趣味の友人に紹介すると、その話題で、コーヒー一杯でもあれば、悠々1時間以上は、老女の井戸端会議で盛り上がることができる。

新しい情報や話題は、〝教えたがりの老人〟にとっては、格好のテーマでチャンス。

若者に意見をしたり、訓示を垂れると嫌われますが、老人同士の情報交換は、それなりに新鮮で楽しい会話になるようです。

心も身体も疲れない上手な掃除

大掃除は、体力のある若い人に任せましょう。

エイヤッとやる頑固な汚れ退治の大掃除は、気力も体力も必要です。

〝掃除のプロ〟として、どう考えても、老人にはおすすめしない。

年を重ねるほど、老人にとっては、集中する家事労働、とくに掃除は、プロなど人の手を借りれば別ですが、時間も労力もかかり、何より心が疲れます。

私は、大掃除はしません。

天井や吹き抜けの窓ガラスなど、手がかかる場所は、日頃から人の手を借り、自分で掃除をする場所は、〝いつも小ぎれいにする〟ことを心がけ、時間も労力もかけない。

もちろん、ムダな動線や道具も使わない。

わが家の場合、掃除機はコンパクトなものを、すぐ取り出しやすい数か所に置いている。掃除という作業には、軽くて、充電式、しかも片手でスイスイ動かせるものが便利です。

掃除機をかける日も、週一回15分くらいと決め、それ以外は、汚れたらすぐその場所だけをきれいにする程度。

掃除や家事の時間を決めておけば、体力も気力も消耗しない。

週に一回でも、ほこりは〝そこそこ〟確実に取れるので、部屋とともに、心も〝小ぎれい〟な安心感で満たされます。

さらに、週一回15分程度、身体を動かすので、多少の運動不足は補えるような気分になる。

いつも、〝小ぎれい〟を保つためには、床にものを置かないこと。

他章でくわしくお話ししますが、ものが床に散乱していると、掃除に余分なエネルギーがかかり、余計なものや道具がある分、ほこりも余分にたまる。

部屋にあるものや道具には、〝定位置〟の置き場所を決め、使ったら必ず、もとに戻す。

いつも汚さない工夫をし、汚れたらすぐ拭いたり掃いたりして、処理しておく。

トイレや洗面所、キッチンなどの使った場所や道具は、今度使うときのため、用事がすめば、すぐきれいに手入れをしておく。

このような習慣は、丁寧にきれいに暮らす習慣にも通じ、心が豊かになります。

家事労働を、〝年をとると大変！〟と案じたり嘆いたりする前に、小さな家事習慣を身につけ、家事に翻弄されない生活を心がけたいものです。

身の丈を知る

37年前、ドイツから帰国し、掃除サービスの会社を創業したばかりのころ、日本ではまだ珍しいビジネスで、しかも女性経営者ということから多くの取材が相次いだ。

あるとき、N新聞の記者に、日々大切にしていることは？　と聞かれ、すかさず「不完全な円」と答えたのを覚えている。

円は丸くて完全ですが、私の円は完成された丸ではなく、まだ4分の1くらいが描き切れていない未完成の丸で、逃げ道があるのです。

仕事も自分も、いつも完全ではない。どこから見ても完全無欠はありえない。

だから、いつも努力を重ね、丁寧に生きていく。

老いた今も、不完全な円を〝人生の道標〟にしている。

そのために、自分をよく知り、自分の身の丈に合ったやり方で〝そこそこ〟日々丁寧に暮らす。


身の丈を知る、つまり自分をよく知ることは、家事にも言える。

掃除でいえば、自分の体力に合わせるやり方をすることが大切。

必要以上の体力を使うと、心まで疲れます。

長時間集中した掃除より、気がついたら、〝サッと〟拭いてきれいにしておく。

このように、こまめにきれいにしておけば、体力も時間もかからない。

いつも小ぎれいな部屋は、心も快適に過ごせる。


汚れが完璧に取れなくても、〝これでまあまあ〟、と自分に言い聞かせる。

老人に限らず、身の丈を知った掃除は、心も身体もラクで、上手なやり方です。

とくに、身体的機能が衰えつつある老人にとっては、自分の性格や体力を知り、無理せず、老体をいたわりながらする掃除が大切です。

凝り性で身の程知らずの人は、好きなことに、人の目、時間やお金も気にしないでこだわる傾向があります。

掃除好きだからと、同じところを磨いたり掃いたりしても、部屋全体のバランスが取れないと、きれいに見えない。

他人が見て〝きれい〟が上手な掃除のコツ。

自分勝手な家事を繰り返していると、体力を消耗すると同時に、心が疲弊してしまいます。

ゴルフでも、女性が男性用のティーから打つのを見ると、自分の実力を棚上げし、負けじとプロのバックティーから打つ60代の男性がいます。

結果は散々なスコアに終わるのですが、もっと自分の身の丈を知っていたら、気持ちよく快適なゴルフライフになりそうなのにと思う。

自分はどのような人間なのか？　性格は？　実力は？

年輪を重ねた今、たまには考えてみることがあります。

自分をじっくりと観察してみると、老いて知る新しい自分が見つかるかもしれません。

これからの残された短い日々、充実した人生を過ごすために。

贈る気持ち

70代の知人に、「義理で贈るお中元やお歳暮、まして義理チョコなんて物々交換だから、いっさいいやらない」という人がいます。

外資系の会社でキャリアを重ね、今は預金と年金暮らしの悠々自適の彼女ですが、現役時代からいっさいそのような義理的な贈り物はしてこなかったらしい。

贈り物への考え方も、ひとそれぞれ。

最近では、デパートなどのお中元やお歳暮のコーナーも小さくなって、売り手がそれぞれアイデアを出し合う厳しい商戦となってきたようです。

とくにバレンタインの季節、チョコレートだけでは客寄せができず、チョコ以外のものと組み合わせて売り上げを伸ばそうと必死です。

最近の若者は、義理チョコをもらうより、愛情いっぱいの心のこもった〝もの〟をもらったほうがうれしいらしい。

今の時代、義理人情が薄れ、リアルな現実を信じる人が多くなったのでしょうか。


とある老婦人からもらった義理チョコの返礼に、クッキーを用意していた50代のAさん。同じ老婦人から義理チョコをもらった60代のBさんが、〝悪いけど二人からのお礼ってことにしておいてくれない？〟と頼んでいるのを小耳にはさんだ私。

アガサ・クリスティの作品に登場するミス・マープルではないが、Bさんのいい加減さを繕う態度に、〝もらったチョコはあんたも食べたでしょう！〟と、義理チョコをくれた、親切な〝おばあさん〟の顔を思い浮かべながら、突っ込みを入れたくなった。

明らかに義理チョコと言っても、他人のお返しに便乗するとはあつかましい、なんとも開いた口がふさがらない……。

ですが、よく考えてみれば、Bさんにとっては義理チョコとはその程度のものなのかもしれません。

〝はあ……〟と、しぶしぶBさんに従ったきまじめなAさん。

ふだんから、勝手で自分中心の〝未熟な老人〟のBさん、この件で、わたしの心には、さらに〝要注意マーク〟がBさんに追加されたのです。

お中元やお歳暮は、武士の時代から続く、日本人の伝統行事。

その贈る心には、様々な目的や心模様があるでしょうが、年に一度か二度の〝お変わりありませんか〟を確かめ合う習慣と考えてもいいかもしれません。

私は、年に2回くらい、その年にいろいろとお世話になったり、親しくしてもらった方々、郷里の友人などへ〝ありがとう〟の気持ちを伝えるために、心ばかりの季節の食べ物を送ることにしている。

相手が高齢の場合、チョコレートやシイタケの煮つけ、おかきなど少量のものをゆうパックで贈る。返礼の負担が無いように気を配り、〃おすそ分け〃の軽い気持ちです。

大事なのは、贈る相手の考え方や環境、年齢や家族関係などを思いやる気持ちも大切です。

何度も使いまわす心

年を重ねるごとに、いつも使う道具の類は、形がシンプルで、扱いやすく、手や身体になじんだものがベストです。

老人には、新しい先端の技術力を持った道具より、古くても使い慣れたものがラク。できれば、同じものを手入れして、使いこなすこと。

ものが増えない利点もありますが、なによりも手や身体が慣れ親しんだものなら、心も落ち着きます。

よく使い込んだ道具やものは、長年連れ添ったパートナーのようで、余計な知識や難しい取り扱い説明書も要らず、不安や危険もない。

手入れや気配りを怠らなければ、長く使え、環境にも優しく経済的です。


老いた脳には、たまには、新しい道具やものに興味を持って挑戦するのもいいですが、身の回りの生活道具は、古くからの身体が慣れ親しんだものが安全で安心。


私は、長年〝連れ添った〟キッチンのケトルやお鍋といった調理器具は、使ったらかならず拭いて汚れを取ってからしまいます。

切れ味の悪くなった包丁やナイフなどは、時々、簡単包丁研ぎ器で手入れをする。この道具は、ドイツから持ち帰った優れもの、何十年来の〝古い親友〟のひとりです。

ひびの入った思い出のコーヒーカップなどは、一輪挿しにしたり、ペン立てにしたり、最後まであきらめずに、ドイツ人のように使い続けます。

ものを無駄にしない知恵や工夫。

少ないものを使いまわしながら上手に暮らす〝心〟。

ものも増えず、部屋も整理整頓され、安心で豊かな老人生活が送れます。

年齢をみとめると自由になれる

たいていの人は、〝お若いですね〟と言われると、うれしい。

でも、〝老けて見える〟と言われると、不快で侮蔑されたような気分になる。

なぜでしょうか?

老人そのものが、世の中ではあまり歓迎されない負の存在と思われがちなのが原因かもしれません。


老いるということは、衰え、失うことが多いといわれる。

肉体的機能が衰え、仕事を失い、役職を失い、人生の脚光を失い、居場所がなくなり、楽しみや希望を失い、さらに美貌や頑丈な肉体まで失う。

若いころから、人が振り向くような美貌を誇り、職場の中心でバリバリやってきた優秀な人ほど、老いた自分をみとめたくない、失う辛さをなんとか克服しようとするかもしれません。

もともと優秀でなく、いつも社会の落ちこぼれを自負し、病弱だった人は、老いてそれなりに失うことがあっても慣れているのか、過剰に反応せず、〝まあこんなものかも〟、と、変わらず逆らわず、堂々と淡々と生きていける。

老いてまだはつらつは、不自然なものです。
老人に急激な動きや精神的無理は禁物。
あるがまま自然に、ゆったり暮らすのが、老人の健康生活です。

生物学的には、〝いつまでも元気で長生きしたい〟と考えないほうが楽のような気がする。年なりに、あるがまま、無理せずに生きる。

どれだけ努力しても、老化は、自然の成り行き、避けられないのですから。

テレビのCMで、元気いっぱいの80代や90代の有名人らが、健康器具や食品、化粧品などを〝私も使っています〟と話しかけますが、果たして実生活もその通り〝元気はつらつ〟なのかしら、と考えてしまう。

あのはつらつとした元気さで、バスや電車に飛び乗ったら、転んで骨折したり、運が悪ければ寝たきりになる危険がありそうです。

しわやシミのない顔はあこがれるが、老いに逆らえば、かなりの手入れやお金が必要でしょう。

肌や身体に薬物を注入するのは、どう考えても健康的ではない。

どんなにあがいても、いずれも、やがて必ず終わりが来るのです。

医学的には、超高齢者が元気な場合は、持って生まれた遺伝子の影響が大きいらしい。

しかし、それも永遠ではない。

もちろん、ある程度の健康や美容への投資は必要かもしれませんが、もともとの体質は変えられないし、投資効果の持続には限界があります。

超高齢者の元気な様子を見れば、〝ああなりたい〟〝なれそう〟と、勘違いし、商戦の甘い誘いに乗ってしまう。

いくら若づくりをしても、若いときのような敏捷性はなく、階段を二段飛ばししたり、ドアが閉まりかけた電車やバスに駆け込むことは危険。

老人が、体力も考えず、気力だけで、かつての元気な若さを味わおうとすれば、その先には、大けがや大事故が待っているかもしれないのです。

どれだけ努力しても老化は避けられない、限界は必ず訪れる。

老人は、失うことの多さに嘆かず、仲良くしつつ、終焉《しゅうえん》への覚悟も必要なのです。

〝老けておられますね〟と、言われたら、〝年相応に人生を重ねております〟と胸を張りましょう。

むしろ、魅力的に年を重ねていると思わせるような、年相応の清潔感あふれる服装を選び、髪や歯をいつもきちんと美しく整えることです。

見た目の美しさは、しわを伸ばすことでも、筋肉ムキムキでも、厚化粧でもない。

老人は、姿勢がいいかどうか。

老人は、骨の病気や心の病で、前かがみになりがち。

病気なら無理をしないで自然に任せればいい。

できれば、いつも、両肩をまっすぐに伸ばし、胸を張るように気を付ける。

それだけで、〝お若いですね〟といわれるようになります。

若づくりしなくても、姿勢が良いだけで、かなり若く見えること間違いなし。

ムリに若く見せようとしないこと。

年を隠してごまかさず、年相応に自然にふるまう。
自分の年を、堂々と認めると気持ちが楽になります。

〝おいくつですか〟と聞かれ、〝まもなく100歳かしら〟と答える。
聞いた人が〝嘘でしょう！　見えない！〟と目を丸くして驚く。
心の中で、〝まだまだ100歳には見えないらしい〟とニンマリと安堵《あんど》する。
〝まもなく100歳になる〟のは、嘘でもごまかしでもない。
だれもが、やがて〝まもなく〟その年齢になるのだから。
このようなたわいもない会話をしながらユーモアのセンスを磨く

〝老いてますます〟という言葉が好き。
これからは、老いとともに、いくら努力しても、体力的、肉体的元気が失われることは
自然の成り行きで仕方がない。
でも、心は、ますます好奇心旺盛、元気で面白くありたい。

世の中には、きまじめで、ユーモアのかけらもない人がいる。

反対に、自分はユーモアのセンスがあると勘違いして、いつも面白くもおかしくもないダジャレを飛ばしている人がいます。


同じ失敗やトラブルを話しても、それが愚痴になるか、笑える話になるかは、話し手の話術の差が大きい。


くどくど、と愚痴を並べ立てているうちに、さらに嫌な思いが広がり、気分が滅入ってしまうことがある。

だから、老人の愚痴は自分のためにならない。

同じ失敗やトラブルを、笑い話に脚色すれば、聞く人も楽しくなって、話す人も取るに足りないばかげた気持ちになって、笑い飛ばせるようになります。

友人のA子さんは、話し上手、ユーモアの達人。

76歳の彼女は、会うたびに自分の失敗談を漫談のような描写で面白おかしく話す。

先日も、黄色信号で走ったところ、転んで、2本の前歯がかけたらしい。

すぐ駆け付けた歯医者で、〝1本五万円です〟と言われ、ビックリ。

翌日、転んだ現場の交差点へ飛んで行ったが、かけた前歯は見つからず、結局、大枚払って新しい歯を入れ替えたらしい。

車の行きかうにぎやかな交差点で、〝もしや〟と自分の折れた歯を探すA子さんの姿も滑稽で笑えるが、誰が考えても、そんなところに一日前の折れた歯が残っているはずがない。

ましてや聡明なA子さんにわからないはずはない。

よく考えれば、わざわざ無くした歯を探しまわったという話、このあたりの信憑性《しんぴょうせい》はかなり怪しい。

聞いている人は、〝冗談でしょう〟と言いながら、A子さんの上手な話術にはまって最後は大笑いしてしまう。

〝老婆が転んで気の毒で痛ましい〟と同情するはずの話が、前歯2本くらいの経済力は十分ある元気印の彼女が自分の落とした歯を探す姿を想像し、なぜか、面白くて大笑いしてしまう。

話す当人も、悲劇を喜劇に笑い飛ばすことで、〝転んで歯に大枚払った〟嫌な経験を払拭しているのかもしれません。

老いによる様々な失敗を真剣に受け止めることは大切ですが、彼女のように面白いと思える場面を見つけ、〝悲劇〟を〝喜劇〟に変えてしまうのも、老人生活に笑いをもたらし元気を与えてくれそうです。

何よりも、聞いた老人たちの気分を〝面白い！〟と、心から笑えるほど元気に盛り上げてくれるのですから。

お金をどう使うか

老人の多くは、「老後の資金が足りるかどうか」と不安に思うらしい。

老後はいくらあればいい、などと世間は騒ぎます。

お金をテーマにした雑誌は、高齢者を中心に年齢を問わず人気です。

最近では有名人の名前を語った投資詐欺まで現れ、人のお金に対する欲望は限りがありません。

年齢にかかわらず、ある程度のお金は、生きていくために必要です。

でも、お金が多ければいいというわけでもなく、必要なときに〝そこそこ〟のお金があれば十分。

お金持ちが幸せで、貧乏人が不幸でもないのですから。

お金に振り回される生き方だけはしたくない。

急に病気になったら、1～2年くらい対応できるお金があればいいと思う。

何とかなるものです。

そのくらいの、ケ・セ・ラ・セ・ラ、何とかなる、で生きたほうが、老人にはラクな気がしませんか。

ムダ使いせず、世の情報に左右されず、流行を追わず、身の程を知り、小銭を大事にする。

このような人生習慣で毎日を過ごせば、けっして路頭に迷うことはないと信じています。

韓国の高齢の女性が、なんと、巻きずしを売ってコツコツ貯めた7000万円のお金を福祉施設に寄付したという。

〝食べられたことが幸せ〟と感謝の気持ちで、自分の全財産を投げ出したのです。

数万円のわずかな還付金に欲をだし、老人目当ての詐欺に騙されて騒ぐより、自分のコツコツ貯めた大切なお金が世の中の役に立つほうが老人冥利に尽きるような気がしませんか。

桜の季節

〝久方の　光のどけき　春の日に　しづごころなく　花の散るらむ。（紀友則《きのとものり》）〟

各地から桜の開花が騒がれる季節になると、日本人の心を表したといわれる有名な和歌を思い浮かべる。

若いころは、咲いている桜の花をみて、〝きれい〟と感嘆し、もっと眺めていたい気持ちをよそに、はらはらと散ってしまう、その花の命の短さを惜しむ、日本人の心に酔いしれたものです。

今年も、都心のわが家の小さな庭の大きな桜の木に花が咲く。
地面に落ちた花びらを、丹念に拾い集め、洗って瓶に詰め、塩漬けにする。
お湯を注げば、桜の香りが漂う美味しい〝さくら湯〟が、お茶の時間に年中楽しめる。

桜の花は、咲いているときも、散った後も、美しく、見る人も味わう人も楽しませてくれる。

年を重ねた今。

咲いてすぐ散ってしまう桜の花のはかなさを、愛おしく想いながらも、地面や川面に散った桜の花に、〝美しい〟と感じる。

桜の花の潔《いさぎよ》く散っても、最後まで美しいその姿に、自分のこれからの人生の去り際の姿を重ねてしまう。

美しく老いることは難しいが、老いて円熟した内なる心に、もっと耳を傾けて生きていきたいと願う。

第2章

健康にあるがまま生きる

食べ物に関心を持つ

50代のころ、N新聞の取材で、〃死ぬ前に何が食べたいですか〃と聞かれたことがある。

そのころ、行きつけのホテルのデリカのニース風サラダを挙げたが、今ならさしずめ、あっさりとした鮭《さけ》のおむすびか田舎《いなか》風太巻きかしら。

年を重ねると、あまり凝った料理やこってりした味付けは、身体が受けつけない。薄味のシンプルな味付けのお惣菜や野菜たっぷりのみそ汁が恋しくなる。

美味しいものとまずいもの。人によって好みは違うが、食べたものの良し悪しを決めるのは、それぞれの味蕾《みらい》らしい。

ひとの舌粘膜にあり、味覚を左右する細胞だそうだ。なんとも侘《わび》しいことだが、その細胞が年を重ねるごとに減っていくという。

もっとも、若い人でも食事に関心がなく、同じものやいい加減な食事を重ねていると、その細胞が減っていくらしいから、老人に限らず食事に気を配ることは大切である。


年を重ねると、食事の量が減る。

食べたいものを自分の身体に合わせて適量、腹六分目くらいがいい。

寒いときは温かいもの、暑いときは〝適当に〟冷やしたものを、ゆっくり、楽しみながら食べることにしている。


そして、季節に応じ、温度を変え、日本茶を飲む。

新茶はぬるめ、煎茶やほうじ茶は熱め。

新茶と言えば、お茶の好きな私は、初夏の新茶の季節になると、心が華やぐ。

立春から数えて八十八日目は、昔の人にとっては、種まきや農作業の始まるころ。

茶摘みが本格的に始まるのもこのころ。

お茶は年に何度も収穫されるが、年の初めに収穫された〝新茶〟は、味も香りも格別で、昔から不老長寿の縁起物と言われてきた。

冬の間に蓄えられたアミノ酸のテアニンは、心身をリラックスさせる働きがあるとか。

新茶が店頭に並び始めると、毎年、心がウキウキし、つい少量を買ってしまう。

新茶の美味しい淹《い》れ方は、沸騰したお湯を人数分の湯呑に入れ、茶葉を入れた急須に湯呑のお湯をゆっくり入れる。

50秒くらい待ってから、茶葉が開き始めたら、ゆっくりと湯呑に注ぐ。

これこそ、何歳になっても、暮らしの中の最高のぜいたく、だと思っています。

野菜を〝モリモリ〟食べる

あるとき、テレビの経済番組で、70代の金融界の重鎮に、司会者が〝元気の秘訣《ひけつ》は？〟と聞いた。

その70代後半の頭取は、〝野菜をモリモリ食べること〟、と答えたのです。

〝モリモリ〟とは、まじめで辛気臭い顔に似つかない思いがけない答え、その響きがとても心地よく感じたのです。

現実には、かなり意識しないと、食が細くなった高齢者にとって、野菜を〝モリモリ〟たっぷり食べることは至難の業。

特に冬は、身体が冷える生野菜は、なかなか食べづらい。

たぶん、その金融界の重鎮は、生野菜だけではなく、煮たり焼いたりして、料理の工夫を凝らし、できるだけ野菜を多くとるように努めておられるのかもしれません。

食事のたびに、〝野菜モリモリ〟と言い聞かせれば、野菜不足になりがちな老人への注意喚起になりそう。

老いてもなお〝数字の塊〟のような顔が、一気に親しみやすく感じられたのです。

野菜は皮も食べる

〝野菜モリモリ〟と言いながら、肝心な野菜の栄養を逃すことが無いよう、野菜を丸ごと食べる工夫も大切です。

大根や人参の葉や皮、ほうれん草の根、その他、一般的に捨ててしまうところに栄養が集まっている。

お湯でよく洗って、スムージーにしたり、ゆでたり、揚げたりするなど、料理の工夫も楽しみながらやればいい。

刻んだ野菜を油でさっと揚げる野菜のてんぷらも簡単でおすすめ。

作り置きし、冷凍しておけば、丼物、うどんやそばのトッピングにもなり、重宝する。

野菜を皮ごと食べれば、栄養満点で身体にもいいし、キッチンの生ごみも半減し、無駄がなく、地球環境にやさしくエコ的です。

野菜のゆで方は、基本を押さえておくと便利。

子どものころ、料理好きの母の手伝いをしながら、覚えたものです。

野菜をゆでるタイミングは、種類によって違う。

〝根ものは水から〟〝葉ものは湯から〟と覚えておけば、料理や家事の苦手な男性にもわかりやすく便利で重宝します。

例えば、水からゆでるものは、人参、大根、かぶ、ジャガイモ、さといも、ゴボウ、カボチャ、レンコン、サツマイモ。

お湯が沸騰してから入れるものは、ほうれん草、小松菜、春菊、ブロッコリー、アスパラなど。

この基本を知っていれば、多くの野菜を美味しく食べられ、料理が楽しくなります。

朝食をしっかりと

昔から、〝睡眠、早起き、朝ごはん〟がモットー。

早起きと言っても、4時や5時に起きることにこだわらない。

老人には、無理は禁物。

6時半に目が覚めなければ、その日は、ラジオ体操はおやすみにすればいい。

何事も臨機応変で行くのが私流。

時には、あるがまま、自然に。

週末など、自然に目が覚めるに任せることもある。


ただし、朝ごはんはできるだけ決まった時間に、しっかりとるようにしている。

朝食を食べることで、〝さあ、今日も元気で！〟と、体内時計のスウィッチを押すのです。

一日の生活サイクルをつくるためにも、欠かせない朝食。

「小松菜と人参のスムージーと食パンの厚切りを二分の一枚」

そして、「ゆでたまごと果物2種類」がわが朝食の定番。

少なくとも、炭水化物、たんぱく質、果物は、しっかりと、外さないようにしている。


りんごは、ドイツに住んでいたころから、ドイツ人を見習って、皮ごと食べる習慣なので、よく洗ったりんごを串切りにしたものを、朝に限らず、いつでも食べられるように、密閉容器に入れ、キッチンに置いている。

朝食には、その日の気分で、レタスやトマトなどの生野菜やベーコンが加わることもあり、たまには、みそ汁、ご飯、焼き鮭、ほうれん草の胡麻和えなどにすることも。

簡単な朝食をとった後、その日の段取りを考えながら、コーヒーと日本茶をゆっくりと身体に流し込むと、一日が気持ちよく始められるような気がするのです。

たまには気分を変え、歩いて近くのホテルやスタバで軽い朝食をとることもある。

コーヒーは、一日2杯くらい。朝と午後にそれぞれホットで1杯ずつ。リラックス効果もあるそうで、交感神経が適度に刺激されるという。

外出の際、必ず立ち寄るスタバ、身体に元気をつけるため、必ず〝チャイ ティー ラテ〟を選び、〝シナモン多めに〟と付け加えるのを忘れない。

たまには場所を変え、品を変え、老人生活は何事もマンネリ化しないことが元気の源のような気がします。

腹八分？

昔からよく「腹八分」と言われるが、高齢者には、腹六分目くらいがちょうどいいようです。要は、お腹いっぱいは食べない。

寝る前、3時間は食べない、起床までの10時間以上は空腹アワーを設けることにすれば、胃もたれもなく、朝の目覚めも快調。

老人には、長年酷使してきた胃腸へのいたわりの気持ちも大切な気がします。

食事も仕事も暮らしも、何事も、身体の器官に100％の負担をかけないように気配りするのも健康な〝老人生活〟には大切です。

食事のとり方

〝野菜からまず食べること〟とよく言われます。

が、高齢者は食べる量も少なくなっているので、野菜でお腹がいっぱいになり、肉や魚などの貴重なたんぱく質がとれなくなる可能性がある。

だから、私は、野菜と肉や魚を交互に食べるようにしている。

取り皿に必要な量だけとって食べれば、残った分は、保存もできる。

疲れたなと感じたら、私は具だくさんのみそ汁で栄養補給します。

これは、簡単ですぐできるので、料理が苦手な人でも、手軽でおすすめのレシピ。

元気を出したいとき、野菜を食べたいとき、具だくさんのみそ汁は、知っておくと重宝する簡単レシピ。だしは、鰹節や昆布、それにだしの素を上手に使えば、美味しいみそ汁ができる。

最初はだしの素を使えば簡単ですが、少しずつ、本格的な鰹節や昆布などの〝天然のだし〟を使うのも健康的で身体が喜びます。

〝だし昆布〟は、肉厚で幅が広く、つやのあるもの、色は、飴色で、乾燥しているものを選ぶ。

表面の白い粉は、昆布の大切なうまみ、洗わずに軽く拭いて使う。

たっぷりの水に昆布を入れ、中火でゆっくりとだしをとり、沸騰直前に取り出す。

取り出した昆布は、細かく刻んで鰹節、醤油で煮れば美味しい佃煮に。

なにごとも、ちょっとの工夫手間で、二度美味しいものに出会えるのです。

〝鰹節〟は、削られたものをだし用の袋に入れ、お湯が沸騰してから入れる。

煮出しすぎると渋みが出るので、沸騰したらすぐ取り出すのがコツ。

だしが取れたら、好きな具を入れて、みそを溶いて入れれば出来上がり。

毎日の食卓に発酵食品のヨーグルトは欠かせないが、時々種類を替え、同じものを食べ続けないようにしている。

すべての加工食品に通じるが、時々種類やメーカーを替え、いろいろな菌を腸内に入れる工夫もします。

プレーンなヨーグルトは、サラダのドレッシングに、食パンには、ショウガを漬けているはちみつ、自家製のジャムをつけて食べる。

夏を過ごす森の家近くの農家で、大量に手に入れたブルーベリーやイチゴなどで、〝コトコト〟と煮た手作りジャムは、一年中、心も食卓も豊かになります。

食の愉しみあれこれ

気分転換に料理をするのが私の小さな愉しみ。

あれこれ、冷蔵庫内の材料や干し大根、かんぴょう、干しシイタケなどの保存食品を思い浮かべながら、何を作ろうかしら、と考えるだけで楽しい。

・五目豆

両親から、豆は身体にいい、とよく言われていたので、〝つかれたな〟と感じたら、野菜たっぷりの五目豆を作る。

常備食の大豆を昆布でコトコト煮て、途中から細かく刻んだ人参、しいたけ、ゴボウ、こんにゃくなどを入れて、醬油、みりんで味付けする。

薄味に仕上げておけば、味が浸みてさらに美味しくなります。

・お弁当

時々、気分を変えて、自分のためのお弁当を作ります。

朝食の後、焼き鮭、ほうれん草の胡麻和え、厚焼き玉子など、温かいご飯の上に鰹節とのりをのせる。

なつかしい母の味、のり弁を思いだしながら作るのが楽しみ。

時間があれば、ちくわのてんぷらが加わる。

青のりが入ったちくわのてんぷらは、時間のあるときに作って冷凍しておく。


ほうれん草は前日にゆで、鮭も焼いておく。

炊き立ての白いご飯もいいが、冷凍ご飯を解凍するのも便利でいい。

夕飯の残りのおかずを詰めることもあります。


ZOOMが日常になった今、自宅で仕事の合間に食べる自分のための手作り〝お弁当〟。

とても贅沢、手前みそながら、老舗《しにせ》のお弁当にも負けない味がします。

自分や家族用の手作りのお弁当は、小さな幸せ気分になれる、老いの〝食の愉しみ〟かもしれない。

・美味しい朝食パン

時々、少し散歩の足を延ばし、焼きたての美味しい食パンを1本買いに出かける。

以前は、食べきれないと、食べる分しか買わなかったのだが、美味しく食べるコツを発見したのです。

食パンは、一日分ずつ厚く切り分けて冷凍し、毎朝食べる分だけ取り出す。

あらかじめ、オーブントースターを十分熱くしておき、食べる直前に焼く。

表面はこんがり焼け、中はしっとり柔らかく〝モチモチ〟して、美味しい。

この方法は、古い昭和の料理本の主婦の知恵から学んだ。

オリーブオイルをつけて焼けば、美味しく、身体にもよさそうな感じがする。

年を重ねても、学ぶことはまだまだありそう。

手作りのブルーベリージャム、ショウガのはちみつ漬け、あるときは、すりつぶしたニンニクとオリーブオイルをのせていただく。

・常備食

上京して半世紀になるが、今でも料理の味付けは関西風。

とくに、黒々と濃い醤油の中に浸かったような関東のうどんは、見ただけで食べる気がしないので、うどんは自宅で作って食べることが多い。

うどんと言えば、やはり関西風の昆布とカツオだしの利いた薄味〝きつねうどん〟がいい。

播州人《ばんしゅうじん》の父はよく、〝ケツネうどん〟と呼んでいたのを思いだす。

いつもお揚げを大量に甘辛く煮て冷凍しているので、ネギを刻んで、鰹節と昆布のだし汁を作れば、食べたいときにいつでも〝きつねうどん〟が食べられる。

食べたいものが、必要なときにすぐ用意できることは、人生の潤いや愉しみになります。

練りみそも作っておけば重宝する。

みそに、皮をおろしたゆずやつぶした胡麻を入れ、砂糖やみりん、酒で、弱火で練り合わせたもの。

常備しておけば、豆腐やこんにゃくなどにのせるだけで、贅沢な香り高い一品になります。

・フライドポテト

ジャガイモは子どものころから大好きな野菜。

ドイツで暮らしていたころ、市場（マルクト）では、大きな袋に入ってキロ単位で売っていたのには、最初は驚いた。

が、すぐ、料理の主役のジャガイモは、〝キロ単位〟でなくては物足りなくなったのです。

安くて美味しいドイツのジャガイモ。

サラダ、スープ、肉コロッケなど、惜しげもなく料理に使った贅沢で懐かしい思い出。

今でも、美味しそうなジャガイモを見つけたら、皮ごとよく洗い、そのままくし形に切って、少量のオリーブ油で揚げるように炒める。

熱々にコショウを軽く振れば、口寂しいときのおやつになる。もちろん、主食にも。

市販のフライドポテトは若者向きで、塩気が多く、高齢者には、手作りが安心して食べられる。

市販の総菜だけに頼らず、自宅で手軽にできるレシピを開発するのも時間のある老人の楽しみにもなります。

・**お裾分《すそわ》け**

季節ごとに各地の知人友人から、旬の魚、果物や野菜が届く。

老人には持て余すほどの量が届くと、心がワクワクする。

殻付きのカキが広島の友人から届くと、スタッフのAさんやBさんの顔が浮かぶし、郷里から黒枝豆が届くと、近くに住む友人のCさんやDさんに電話をかけて届ける。届けついでに、50年来の友人のC子さんとは、近くの老舗の喫茶店で美味しいコーヒーを飲みながら、〝老婆同士〟の世間話に花が咲く。

〝お裾分けはお福分け〟、いい響きだと、つくづく思う。幾つになっても、あれこれ分け合う喜びは、近況を〝知らせ、わけ合う〟楽しみでもある。

食事を記録する

バランスの取れた食生活は、病気のリスクを減らし、健康長寿のもと。日々の暮らしを健康的で充実した楽しいものにしてくれます。

私は、毎日、簡単な〝食事日記〟をつけています。

ちょうど20年前、いったい何をどう食べているかが気になり、朝昼晩の食事を簡単なメモ程度に書き記すようになりました。

たまに、メモを眺めると、冬は生野菜を食べる量が減ったり、年を重ねるにしたがって食が細くなったようなことも発見できる。

肉と魚のバランスにも気を付けるようになるし、栄養が偏らないように、食べるものの種類の工夫もするようになる。

最近は、朝晩の血圧や体重をメモしたり、床の掃除、ランチをどこで誰としたか、ちょっとした出来事、各種の支払い詳細などを付け加えることも。

〝食日記〟というより、〝老婆〟の日々の小さな暮らしの〝くらし雑記帳〟にもなってきました。

睡眠のこと

眠れない、何度もトイレに起きる。

まわりの高齢者の睡眠の悩みは尽きません。

知り合いの80代の婦人は、夜眠れないので、催眠鎮静薬が手放せないと悩んでいます。

私は、幸運にも、昔から熟睡するタイプ。

悶々と眠れないということはありませんが、たまには睡眠が浅かったり、つい読書に熱中し、寝つきが悪く睡眠時間が十分でないこともあります。

でも、気にしない！

〝今日眠れなければ明日がある〟と思えばいい。

人の身体は自然に任せれば、調節してくれる、といつも自分を信じ、ケ・セ・ラ・セ・ラ。

でも、良き睡眠をとるための努力はします。

睡眠の質を高めるために、夕食は寝る3時間前には済ませる。

寝る前1時間は、メールチェックをしない、テレビを観ない。

必ず、早めにお風呂に入り、首までゆっくり浸かる。

自分流の熟睡へのウオーミングアップを身につけておくことです。

季節感あるお風呂タイム

若いころは、〝カラスの行水〟とからかわれるほどの〝お風呂嫌い〟の私でしたが、年を重ねるにしたがって今は、〝お風呂大好き〟。

30分くらい、ぬるめのお湯にゆっくり浸かって、ヨガの呼吸で、瞑想《めいそう》する。

あまりの気持ちよさに、お風呂で溺れる事態だけは避けたいので、必ずタイマーを付け、時間制限を設けるようにしています。

市販の入浴剤を使うのも〝ほっこり〟と癒されますが、たまには、日本人が昔から親しんできた〝自然の薬草〟を利用するのも楽しいもの。

・春の季節

ヨモギ湯

散歩の途中に見つけたヨモギの葉。

よく洗ったヨモギの葉を布袋に入れ、湯船に浮かべると、浴室内に自然アロマの香りが広がり、心身ともに癒される。

ヨモギ湯は、打ち身や肩こりにも効果的と言われます。

しょうぶ湯

端午の節句にはしょうぶ湯。

最近は、この季節になると、スーパーやデパ地下で、しょうぶ湯セットを見かけます。

市販のものを利用するのもお手軽で便利ですが、しょうぶが手に入れば、お手製も簡単です。

細かく刻んだしょうぶを布袋に入れ、湯船に浮かべると、ヒビやあかぎれを緩和してくれる効果が。

キンカン湯

ビタミンCが豊富なキンカン。

子どものころからなぜか大好きで、いまだにスーパーやデパ地下の果物売り場で見つけると、何はさておいても買ってしまう。

昔から、たった5粒で風邪の妙薬と言われるほど。

大量に買い、はちみつ漬けにしたり、生のまま風呂に浮かべても童心に返ったようで心が喜びます。

・初夏の季節

桃の葉湯

土用の日。
あまり知られていませんが、昔から、桃の葉を入れたお風呂に入る風習がある。
桃の葉は、かぶれやあせもなどに効果があるといわれ、重宝されたようです。

・冬の季節

お茶風呂

お茶の葉は、昔から薬草として重宝されてきました。
お茶碗2杯くらいのお茶を袋に入れ、湯船に浮かべる。
身体が芯まで温まり、お茶の殺菌効果で、あかぎれ、しもやけにもいいとか。

みかん風呂

冬至の日には、カボチャを食べ、ゆず湯に入るのが古くからの日本人の習慣です。
ゆずの代わりに、旬のみかんでも、十分身体がポカポカと温まり、風邪予防に。
天日干ししたみかんの皮を、布袋に入れ、湯船に浮かべるだけ。

乾燥した肌もツルツルに、冷え性にも効果があります。

ショウガ湯
細かく切ったショウガを布袋に入れ、湯船に浮かべると、血流がよくなり、体中がポカポカして、神経痛や腰の痛みが和らぎます。
風邪予防にもなりそうです。

おばあちゃんの家庭の医学

老人には風邪は大敵。

昔から「風邪は万病のもと」とも言われるので、いつも風邪には用心をして過ごすことにしている。

風邪の予防には、一に〝睡眠〟、二に〝うがい〟。そして、〝部屋の換気〟。

いつも新鮮な部屋の空気は、風邪のみならず、健康生活には欠かせない。

これは現代のコロナ対策やインフルエンザ予防にも通じます。

うがいをすることで、のどや口の中に入りやすい風邪の菌を取り除き、のどを潤す効果も。

のどや口の粘膜の乾燥は風邪の大敵。

昔のおばあちゃんは、火鉢にのせたやかんでお湯を沸かしていましたが、今は加湿器で部屋の湿度を保つ方法も。


風邪の予防には、身体を内部から温めてくれる脂肪、のどや鼻の粘膜を強くしてくれるビタミンA、ストレスに対する抵抗力を高めてくれるビタミンC。

この三つは、昔から風邪予防の〝三大栄養素〟と言われます。

ほうれん草や人参などの緑黄色野菜も免疫力を高めます。

風邪の引きはじめ

風邪かな、と思ったら、いきなり薬ではなく、おばあちゃんの知恵も役立ちます。

〝梅干し〟を焼いて、茶碗に入れ、つぶした中に、お湯とおろしショウガを入れて飲む。

〝干し柿〟があれば、湯呑茶碗に入れ、熱湯を注いで実をほぐして飲む。

梅干しも干し柿も一緒に食べると効果的。

〝干し柿〟の表面にある白い粉は、漢方では〝柿霜《しそう》〟と呼ばれ、風邪に効果があるといわれます。

おろしたショウガを湯呑に入れ、はちみつを加え、熱湯を注ぐ。

私は、刻んだショウガとはちみつを瓶に入れて常備しているので、風邪かな、と思えば、すぐお湯を注いで〝ショウガはちみつ湯〟を飲んで早めに予防。

もちろん、熱めのお風呂に入り、早めに就寝します。

運動はほどほどに

久しぶりに電話をいただいた80歳の知人。

〝どうされたの〟と聞くと、座骨にヒビが入り、寝込んでいるという。

テレビで健康にいいという速歩をいきなり始めたら、翌朝から立ち上がれなくなったという。なんでも、〝早歩き〟が、減量や血糖値、中性脂肪にいいというので、さっそく試したというわけ。

老人は何事も一度にやろうとすれば身体への負担が大きい。

毎日の生活行動の中に、チョコチョコ身体を動かす習慣を持つだけで十分。

若い人のようにいきなり、〝さあやるぞ〟の意気込みは、老体には禁物です。

毎日、そのときの身体のコンディションを考え、10回くらい手足を曲げたり伸ばしたりする。

腕や首を回す、簡単なラジオ体操も気が向いたときに行えばいい。

テレビを観ながら、軽い足踏みやスクワットを5回くらいする。

暮らしの中に、ちょっとした運動習慣を見つけ、それを積み重ねることが大事かもしれない。

身体を動かすことが、小さな習慣になり、身体の調子も心の状態も整い〝老人性うつ〟とは無縁の穏やかな生活が送れそう。

毎日の小さな行動や習慣

何気ない日々の暮らしの中で、小さな行動や習慣を加えるだけで、気分よく健康に過ごすことができるような気がします。

暮らしの中で、少しでもこまめに動けば、自律神経を整え、気持ちよく過ごせる。

私の場合、普段の何気ない行動パターン、習慣などに、小さな工夫や変化を加えることで、心身の状態を整えることができる気がします。

例えば、散歩の途中、1分だけ速足で歩く一本道を決め、マンネリ化する散歩に変化を付けたり。

バスルームでは、冬は必ず熱めのシャワーを浴びて、全身を洗ってから、湯船に右足から入る。

これは、毎度同じ行動をとることで、滑ったりする危険を避け、バスタイムの健康と安全のための決め事です。

時々、入浴剤やシャンプーの銘柄を替え、小さな工夫で、香りの変化を楽しむこともおすすめ。

毎日やることを決める

私の一日の始まり。

それは、毎朝、台風や強風以外はどんな日でも、起きたら必ず窓を開ける。

大きく空に向かって深呼吸。

部屋の汚れた空気を外に出し、新鮮な風を部屋と身体に取り入れるのです。

晴れた日には、太陽に向かって大きく両手を上に伸ばしながら背伸びをし、深呼吸と軽いストレッチ。

朝の太陽の光は、脳を活性化するといわれ、やる気が少し出てくる感じがします。

人の体内時計は、25時間と言われるが、人の生活時間は24時間。

医学的には、この1時間の差を、〝太陽の光〟、特に〝朝の光〟で調節しているらしい。

だから、浴びた瞬間から1時間を縮めてくれる〝朝の太陽の光〟は、欠かせないものです。

〝朝はいつもこれだけはする〟の決め事を習慣化し、身体が自然に動くようになれば、今日一日の健康生活のスタートが切れる。

自分で、やれることを決め、心身の負担にならないように習慣化することです。

マンネリ化しない時間の使い方

時間の余裕がある、〝老人タイム〟だからこそ、自由な日々の暮らしがあります。

ただ、マンネリ化すると気分が沈む。

たまにはやり方をちょっと変え、心に新鮮な風を送ることも、いつも元気を保つ秘訣です。

朝食後、予定が何もない午前中など、花に水をやりながら、靴を磨いてみる。

たまの休日の朝は、『ティファニーで朝食を』気分で、近くのホテルに出かけ、軽い朝食をとる。こんな小さなことでも、マンネリ化した日常に活気がでそうです。

毎日の散歩のコースを変えてみると、こんなかわいいパン屋さんができた、など意外な発見が脳を刺激することがあります。

寝る前の習慣を変えてみる。

いつもの水だけではなく、ヨーグルトを飲んで、簡単なヨガを加えると、さらに寝つきが良くなることがあります。

日によって、バスタイムを夜でなく、明るい日中に、楽しんでみることもおすすめ。

いつもと違う香りの入浴剤を選べば、温泉気分にもなれそう。

自分流に小さな習慣や行動を変えるだけで、生活にメリハリができ、気分も落ち着き、健康に楽しく過ごすことができそうです。

身体機能の衰えと上手につきあう

老いによる身体的衰えは、様々な方法で知恵を絞り補っていく。

最近は、医療技術も進み、老いも若きも、身体的不自由さは、何らかの方法で対応できるようになってきました。

もう年だからとあきらめない。

暮らしやすいように、ある程度整えられた環境さえあれば、快適で効率的な楽しい〝老人生活〟が待っています。

・視力の衰え

あれほど視力がよかった私ですが、65歳を過ぎたころから老眼と乱視が入り混じった視力の衰えを感じるようになりました。

2・0あった視力も、小さな文字を見るのに一苦労、寄る年波には勝てないことを実感。今では、パソコンや読書には老眼鏡、運転や買い物には遠近両用を手放せない。

知り合いの70代の男性が、海外出張中、眼鏡なしでブランドバッグを買って、あとでカードの請求を見て一桁間違っていたことに気づき、〝妻にさんざんしかられた〟と嘆いていた。

〝人のふり見てわがふりなおせ〟ではないが、〝自分は大丈夫！〟などの過信は禁物、今は外出時に眼鏡を忘れると不安にすらなります。

最近は、照明付きの拡大鏡や虫眼鏡も読書に重宝している。

ミニ拡大鏡をポケットやバッグに忍ばせておけば、外出先で役立ちます。

先日、インテリアに凝ったうす暗いレストランで、ペンライトを取り出し、メニューを読んでいたら、連れの若い知人に〝かっこいい〟と褒められ、ビックリ。

たまたま、往年のスターのライブコンサートで渡された古いペンライト、携帯用の照明にちょうどいいのでバッグに入れて持ち歩いていただけ。

ものを無駄にしない老人の知恵は、たまにはかっこよさにも通じるようです。

目の病気や視力の衰えで視野が狭くなれば、新しい方法を考えればいい。

交差点を渡るときは、今までよりも大きく左右に首を振れば視野が広がり、よく見える。

子どものころ、電車の踏切にさしかかると、父が大きな声で〝あっち見て、こっち見て、通りゃんせ〟と歌いながら、首を左右に振ることを教えてくれたのをなつかしく思いだす。

そう、童心に返って、身体で覚えればいいのです。

今でも、横断歩道や踏切では、子どものように、心の中で声をかけて左右を見る癖がある。

〝三つ子の魂百までも〟でしょうか。

先日、運転免許更新のときの視力テストで、視野が広いですねと、褒められたのは、首を大きく〝左右にふる〟普段の習慣と関係あるのかしら。

・安心して暮らすために

高齢者は、身の回りをシンプルにしたほうが安心して暮らせるようです。

視力が衰えると、複雑で煩雑な環境は、心までも煩わしくなる。

身の回りをシンプルに、使わないものはできるだけ片づけること。

少しずつ、慣れ親しんだものだけに囲まれた生活に環境を整えていきたいもの。

繊細なガラスの食器より、安定感のある厚めの食器を身近に集めること。

握力の弱くなった高齢者には、ものが壊れる心配がなく、安心して暮らせる。

落として壊れる心配より、落とす心配や不安のない生活のほうが、心が安らぐものです。

・耳が遠くなったら

かつて、耳が遠くなった父のために、ドイツから新型の補聴器をお土産に買ってプレゼントしたことがあります。

ところが、老眼鏡はかけるものの、補聴器は一度使っただけで、書斎の引き出しの〝肥やし〟になってしまった。

理由は、〝雑音が多くて、むしろ聞こえないほうがラクで煩わしくないから〟という。テレビやラジオは音量を上げ、近くで観たり聞いたりすればいい。

携帯電話などなかったころの話。

今の携帯電話は進化し、着信すればピカピカとライトが付くのでわかりますが、父は、当時飼っていた愛犬を訓練し、固定電話のベルが鳴れば、ワンワン吠えて知らせるようにしていたのです。

なるほど、理系で何事も合理的で自然を愛し、愛犬家の父ならではの発想でした。

そんな亡き父が、最近の性能の良い補聴器を〝これは便利〟と重宝したかどうかはわからない。

父のように、わざわざ人工的なものを耳につけることが、〝不自然で煩わしい〟と感じる人は今の世の中でも多いかもしれない。

耳が遠くなってからの父は、〃聞こえているのかしら〃と疑わしいことが多くなった。

今思えば、聞こえないときは無理をして聞き取ろうとしなかったようです。

当時、退職して久しい80代の父に、重要な仕事の話があるわけではないし、世間話などは、適当に返事をし、〃ところで〃と自分の話に話題を持っていくのが父のいつものやりかた。

世話好きだった父は、耳が遠くなっても人付き合いのコツ、自分の話題に人を引き込む術を心得ていたようです。

自分が選んだ話題なら、ある程度わかることが多く、相手の話が聞こえなくても関係なく一方的に理解でき、会話が流れていく。

つまり、耳が遠くなり、聞き取れなければ、〃話し手〃になればいい。

父の話し相手をするのも、それなりにまわりの〃根気と思いやり〃が要ったと思いますが、難しいことになると〃ようわからん〃と、そこは老人のご愛敬ですましたようです。

もちろん、補聴器をつけることが面倒でなければ、性能のいいものを選んで使い慣れると、どんな会話もテレビなどの器機も楽しめそう。

味覚 嗅覚 触覚

・味覚の衰え

85歳の知人は、何を食べても〝美味しくない、味がしない〟という。

私からみて、ひとり暮らしで、料理をしたくない気持ちが高じ、食べ物への興味や関心が薄れていったのでは、と思うのですが。

確かに、年を重ねると、食べ物は以前と同じ味がしなくなり、好みも少し変わる。美味しいと感じられなくなると食欲が減ってくる、もちろん、若いときに比べ、肉体的に衰える老人の食事の量は、少なくなるのが自然です。

唾液の量が少なくなると、飲み込む力も弱る。

毎年、正月前後は、お餅をのどにつまらせる高齢者が多いと、テレビやラジオなどのニュースが伝える。

義父や実母の介護経験豊富なわが社のベテランスタッフのAさんによると、〝お餅は、市販の餅のほうがつきたてのお餅よりは伸びないので、細かく切って食べれば、のどにつかえる危険が少ない〟らしい。

お餅大好きな私は、やはりつきたてのよく伸びるお餅を選んでしまうので、これからは食べるときには十分注意が必要です。

のどに食べ物がつかえないよう、〝食事はお汁や飲み物と一緒に〟と、管理栄養士の知人に言われてから、いつもお茶や水、汁物をそばに置き、交互にゆっくりと食事を楽しむことにしている。

高齢者の悩み、ドライアイ（目の乾燥）同様、ドライマウス（口内の乾燥）も注意が必要だという。

ドライマウスは歯の健康にもよくないというので、よくうがいをし、お茶の時間を増やすことにすればいいらしい。

うがいは、風邪やコロナ予防にもなるし、お茶タイムの愉しみは、心の健康にも良さそう。

105歳で長寿を全うした叔母は、何よりもお茶が好きで、人と楽しく会話をしながらのお茶の時間が楽しみだったという。

このように、〝あれもこれもいけない〟ではなく、いろいろと工夫と知恵を取り入れ、暮らしを楽しむことが私流です。

・嗅覚

嗅覚の衰えは、老人には、避けようがないが、日々の生活に支障をきたすことが多い。

料理好きな私は、必ず食材のニオイを嗅《か》ぐ。

新鮮かどうかのチェックもできるし、食中毒の防止にもなる。

ただ、老いることによる嗅覚の衰えは、嗅ぐより、目で賞味期限のチェックをし、頭で計画的な買い物をすることで防げ、補える。

・部屋のニオイ

生活臭は、汚れの原因になるし、汚れがたまると部屋の空気も濁って、さらに、ほこりや汚れを誘《いざな》い溜まり、掃除が厄介になる。

日本に住む知り合いのドイツ人は、マンションの共用の廊下にも消臭剤をまくほど、自分の部屋だけではなく隣人のニオイにも敏感です。

結局、マンションの共用廊下の生活臭に耐えられず、最近、郊外の古い一戸建てに引っ越しをしてしまいました。

そういえば、ドイツに住んでいたころ、アパートの隣人の老婦人が、ゴミボックスや共用廊下にフローラルの芳香剤をまいていたのを思いだしました。

自分の部屋のニオイに敏感なのはいいが、他人のニオイまで気にかけると神経が疲れる。

ドイツ人は、ニオイが部屋にこもると、身体や部屋にとって不衛生で不健康と考えるのです。

他人のニオイはともかく、自分の部屋のよどんだニオイに敏感になることは、衛生面や安全面で大切です。

部屋の生活臭を排除するには、自分の嗅覚に頼ることなく、部屋の換気に絶えず気を配ればいい。

朝晩、窓を開けて空気を入れ替え、人が多く集まった後には、必ず窓やドアを全開にし空気を入れ替える。

かつてミノス（零下）の極寒の北ドイツで、教室に入ってきた教授が、いきなり、窓を全開にし空気を入れ替え始めた。寒さで震えながら、〃凍えるような寒さ〃より〃新鮮な空気〃を選ぶドイツ人のニオイへの執念には驚いたものです。

部屋に足を踏み入れた途端、学生たちの熱気がこもった部屋の〃よどんだ空気〃に耐えられなかったのでしょう。ニオイに敏感なドイツ人らしい行動、思いだすたびに苦笑いしてしまいます。

・調理の前後、調理中も換気扇を回す

危険なガスなどのニオイに気がつかないこともあるので、天井には火災報知器をつければ安心です。

ただ、私の場合、他のことに気をとられ、うっかりお鍋を焦がし、その煙でキッチンの火災報知器が鳴り、〃どうしました〃と警備会社から電話が入ったことも。

向こうは仕事とはいえ、こちらの不注意につき合わせたようで申し訳なく、以後は、天井の火災報知器を見上げるたび、老人のたるんだ脳への〃注意喚起〃になっている。

外出先で人に会う場合、着る衣類は、事前にニオイをチェック、必ず清潔なものを選ぶ。

嗅覚が鈍っても、定期的に洗濯の回数をチェックしているので、汚れてニオイがするという心配が少ない。

急についた食べこぼしの染みなどは、すぐ、その場できれいにすればいい。

汚れると、すぐ洗い、下着は毎日洗濯し、ニットのシャツやセーターも2回着たら必ず洗ってきれいにする。

このように、衣類の清潔度を保つ自分なりのルールを持てば、〝老臭〟から解放され安心です。

衣類などの定期的な手入れは、自然と清潔さを保てるし、衣類自体も長持ちする。

嗅覚が鈍くなっているからこそ、計画的な衣類の〝手入れルール〟を決めておけばいいのです。

・触覚

最近、ゴルフクラブのグリップを握る指先の感覚が衰えたと思うことがある。しっかりと握っているつもりでも、手からグリップが滑り落ちてしまうのです。年とともに腕の筋肉や指先の感覚の衰えが始まったのかもしれません。以来、しっかりとグリップを握るように心がけるようになり、かえってボールが飛ぶようになった気がするのは、気のせいかも。

食器を扱うときも、しっかりと手や指先に力を込めれば落とすことも少なくなる。生花の花瓶の水替えも、落とすことがないように、しっかりと両手に力を込めて抱えるように持てば、落とす危険性も少なく安心です。

テレビ番組で、若い美しい女優さんが指をなめてお札を数える場面を見てから、指先の脂が少なくなるのは老人だけではない、と安心したことがあります。

カード支払いが増えて、少なくなった現金の出し入れは、必ず2回以上数えることにすれば、ミスを防げる。

さらに、不衛生な唾でなく、水で指先を湿らすことができれば、お札を数える仕草も上品に見えませんか。

・バランス感覚

不意に立ち上がったりすると、つまずいたり、ふらつくことが老いた身には多くなる。転びそうになっても、若いときはさっと体勢を立て直すことができたのに、今はそのままバランスを崩してバタンと倒れてしまう。

このように感覚器官も、年齢を重ねるとともに、知らず知らずに衰えていくのは仕方がない。

外国では、高齢者がバタバタと走っているのをあまり見たことがありません。

ゆっくりのろのろと動くと、転んだりつまずいたりする危険から身を守れるのを知っているのでしょうか。

サプリの宣伝で、どれだけ速く歩けるようになったかを自慢する体験者が登場しますが、老人の足元は一歩踏み出せば、危険がいっぱい。

急いで歩かなくても、自分の足でゆっくり歩くことができれば十分です。

時間はたっぷりあるので、〝そんなに急いでどこへ行くの〟と思ってしまう。

散歩に出かけるとき、足腰が悪くなくても、必ず杖や傘を持って出かけるのも一案。

山登り同様、〝転ばぬ先の杖〟があれば、安心です。

昔は、当たり前にできたことでも、老人生活には、思わぬところに危険がいっぱい。

毎日の危険や事故から救ってくれるのは、小さな注意深い習慣や行動の積み重ねです。

外国の老人たちのように、伴侶や友人たちと手をつなぎ、杖を持ち、ゆっくりと確かめるように歩けばいいのです。

身の回りの転倒リスク

何歳になっても、自分らしくいつまでも、やりたいことができたら。たいていの人の願いではないでしょうか。

でも、転倒して、身体が不自由になると、やりたいこともできなくなります。

国の統計によれば、65歳以上の不慮の事故の中でも、転倒・転落・墜落が一番多いらしい。

人は、年齢を重ねるにつれ、運動機能が低下し、つまずいたり、バランスが取れなくなって転んでしまうことが増える。

高齢者に限らず、ちょっとした転倒でも大きな外傷や骨折につながり、とくに体力が低下した高齢者は、やりたいことができなくなってしまうきっかけになることがあるので用心に越したことはない。

数年前、外国のビーチの桟橋で、思うほど足が上がっていなかったらしく、つまずいてバタンと転び、知らない老若男女たちに囲まれ、〝大丈夫ですか〟と大騒ぎになったことがあります。

それ以来、若いと自負していた自分が大恥をかいてしまったことから、いつも〝用心〟を心がけるようになりました。

そういえば、外国の老人たちは、歩くのもゆっくりソロソロ、老人夫婦は必ず手をつないで、階段は手すりを頼りに上ったり下りたりしています。

日本のＣＭのように、老人が〝せかせか〟と小走りに急いでいる姿は見たことがない。

気分は若者でも、65歳を過ぎると、老人という肉体的衰えの自覚が必要なのです。

いつも、転倒リスクはいたるところに転がっている、と自分に言い聞かせましょう。

老人は、歩くスピードが遅く、大きな道路などは青信号のあいだに渡り切れないかもしれないので、黄色では用心のため、必ず停止します。

運動の機能が低下し、転倒リスクが多くなっていると自覚しながら動くことです。

ただ、過度に神経質になる必要はない。

階段の上下は、必ず手すりを持つ、時間の余裕を持ちバタバタと慌てて行動しない、信号は黄色では渡らない、走らない。

乗り物もドアが閉まりそうなら、走らず、次を待つ。

老人には、時間があるからこそ、何事も余裕を持って行動することです。

転びやすい自宅

慣れた自宅での転倒リスク箇所も考えてみることです。

急いでいるときや、体調不良で足の運動機能が衰えていることに気づかず、段差につまずいて転んでしまう。

最近の調査でも、高齢者の屋内や自宅での転倒事故が増えているとか。

住み慣れた自宅だからこそ、油断は禁物なのです。

転びやすい自宅環境を考えてみると。

キッチンのマット、濡れた床、電気コードに足を絡ませたり、床に散らばった雑誌や新聞や置物に足を引っかけ滑って転んでしまう。

段差はないか、床にものが散乱していないか、身の回りを改めて点検し、転びにくい安全な環境をつくることは大切です。

家の中は、〝危険がいっぱい〟なのですから。

階段は転ばないように意識して上り下りする。

家での習慣が身につけば、室内に限らず、屋外での段差や階段の上り下りに気配りするようになります。

最近よく転ぶようになったという80代の知り合いのご婦人に、〝転ばぬ先の杖〟の話をしてみました。

いつまでも若いと思っていても、肉体はそれなりに年をとっている。

だから、慌てずゆっくり、〝転ばないように〟といつも自分に言い聞かせながら行動するように。


最近、そのご婦人は、家の階段や浴室などでは、「転ばぬように！」と自分に大声をかけているそうです！

なるほど、老人には、脳トレを兼ねた〝声出し危機管理方法〟も必要な気がします。

室内の転倒リスク箇所

階段、床のカーペットや置物、滑りやすい水回りの床、暗い床のすみ、段差がある場所など。

床に散乱した衣類や新聞紙や雑誌、電気コードなどもつまずいたり転んだりする原因になります。

ドイツ人を見習って、床にものを置かないことは大切です。
床にはものを置かない、これは、整理整頓のドイツ流基本的ルール。
ドイツ人は、床にものを置くと、掃除がしにくいし、ほこりがたまり不衛生。
転倒して医者にかかれば、治療費が必要になり、お金がたまらない、と考えます。

床に余分なものがなく、いつもきれいな部屋に住んでいると、何よりも、心が穏やかになり、老人の萎えた心に希望の炎が燃えるような気がしませんか。

身体の機能チェック

散歩時に、まわりの人よりスピードが落ちていませんか。
信号が青のうちに、さっさと渡れますか。点滅中は、けっして慌てず、次の青信号を待ちます。
姿勢が前かがみになっていないでしょうか。
片足で立ったまま靴下を脱いだり、履けますか。
家の階段は、手すりを持って、〝ドンドン〟と、力強く上り下りできるかどうか。
できれば、時々、身体の機能チェックをしてみましょう。
自分の身体がよくわかり、無理をしないで暮らす基準になります。

記憶力の衰え

年を重ねれば、脳も老化し、記憶力が衰えるのは自然現象です。

記憶力を取り戻したい老人たちにつけこんで、商魂たくましいサプリメントの宣伝が横行するが、神経系統の老化の進行を止めることはできないし、一時しのぎ、お金の浪費で気休めのような気がする。

それよりは、思いだしやすい環境を自分で作る努力をすることが大切です。

〝物忘れする〟〝名前や数字が思いだせない〟〝あれ、それ〟を連発するようになった。

この神経系統の衰えで、トラブルが増えるのは困るが、少しでも減らすことはできそう。


上手く綾取りがない、煮物料理がスムーズにできなくなった、ボタン付けなど手仕事がうまくできない、などを〝物忘れ〟で一括りにしてしまうのは簡単ですが。

これは、実は、生活動作の中の〝手順〟を思いだせないのです。


例えば、肉ジャガが以前よりうまくできなかったと思ったら、まず、料理の最初に戻ってみる。

ジャガイモと人参、玉ねぎなど材料を選び、醤油、砂糖、ショウガなど調味料を思い浮かべ、お鍋に入れて、炒め合わせ、水を足して煮ながら、味見をする。

つまり、最初に戻って、少しずつ、必要な材料、動作を丁寧に思いだしてみるのです。

何を思いだせないかを、記憶の中に見つける動作を繰り返してみること。

それを繰り返すことで、忘れていたことが、よみがえってくるかもしれない。


固有名詞を忘れることはよくあります。

老人でなくても、名前や地名は、普段使わないと忘れやすいもの。

そんなとき、まず、私は、ゆっくりと五十音順に、声を出してたどっていきます。

意外とすぐ思いだすこともあれば、数日してボッと出てくることもある。

それ以上努力しても出てこない場合、きっぱりとあきらめることに。

いつまでも、忘れた名前に、こだわり執着しない。

数週間して、あるとき、ふと思いだすこともあるので、あきらめが思わぬ記憶を呼び起こすこともあります。

忘れものをする

天気予報では〃急な雨にご用心〃と言っていたので、外出時に折りたたみの傘を持参する予定が、他の雑用にまぎれ、つい忘れることがありませんか。

物忘れを予防するには、思いついたら、即実行。

経験からも、出かける前に、玄関の椅子にバッグ、財布、カギなどの持参するものと一緒に傘を置いておけば、忘れものが１００％防げます。

買い忘れを防ぐためには、買う予定のリストをメモすることも大事。

メモをどこかに置き忘れたり、紛失した場合を考え、必要なものを〃数と頭文字〃で覚えることもおすすめです。

例えば、食料品の買い出しの場合、〃油、キャベツ、醬油、みかん〃など、どうしても忘れては困るものを、中身ではなく、数字で4個、五十音順の頭文字〃あ、き、し、み〃とイメージしながら覚えておく。

こうすれば、意外と、忘れものが少なくなります。

もちろん、脳トレにも効果がありそう。

やりたいことを忘れる

冷蔵庫の前に立って、〝さて、何しに来たのかしら〟と目的が思いだせないことはありませんか。

年を重ねるにつれ、〝ある、ある〟という人は多いはず。

この煩わしいトラブルの解決策には、何か思いついたらできるだけすぐ実行する習慣を持つこと。

さらに、一度に多くをやろうとしないこと。

せいぜい、二つくらいの行動の同時進行が年相応です。

夜寝る前、修理費などの支払いを思いだしたとする。
その場ですぐ、〝修理費〟とメモし、ベッドサイドのテーブルに置いておく。
あるいは、面倒でも請求書を玄関の目のつくテーブルに置いておく。
気が付いた時点で、〝今できること〟をするのです。

私の場合、日頃から仕事や趣味でもいいアイデアを思いついたら、すぐメモ用紙やノートに書く習慣が、物忘れをしないための一役を買っているようです

このように、年齢に関係なく、若いころからの小さな習慣が、老人になっても便利で重宝することが多いものです。

老人の物忘れ予防は、〝記憶〟するより〝記録〟が大切かもしれません。

予定の行動を忘れる

胃もたれがしたり、頭痛がすれば、すぐ薬を飲みますが、ビタミン類のサプリメントや

ヨーグルトは飲むのを忘れることがよくある。

とくに、ヨーグルトは忘れずに飲みたいので、一日の始まりに冷蔵庫を開けたときに、必ず目につく場所に出し、注意喚起するようにします。

冷蔵庫内のものの数は、だし入れ時にチェックすると、買い足す時期の参考や飲んだ証拠にもなる。

何よりも、買い物の段取りをあれこれ考える脳トレーニングになりそう。

80代のAさんは、一日に5種類もの薬を飲んでいるが、そのうち土日は7種類になるという。

彼女は、飲み忘れを防ぐため、カレンダーに必ず、飲んだら丸印を付ける。

土日は、7種類を飲めば、黒丸を付ける、そうすれば平日と区別ができるという。

ひとり暮らしの彼女なりの飲み忘れを防ぐための〝リスクマネジメント〟なのでしょう。

それに、飲み忘れを防ぐ〝カレンダーのしるし〟は、老人の明日への生きる希望になっているのかもしれません。

置いた場所を忘れる

老人の探し物は、なんといっても眼鏡ではないだろうか。携帯は、他の電話で自分の番号を鳴らせば場所を突き止められるが、無音の眼鏡は探す手段もなく、どうしようもない。

老眼鏡の置き場所を忘れることが多くなったら、3か所くらいに同じものを置いておけば、新聞や雑誌がはっきり見えない一時的トラブルは避けられる。が、あまり〝置き忘れ〟の回数が増えれば、心理的負担も大きく、年のせいだ、と落ち込んでしまう。

そこで、探し物捜索トラブルから解放されるために、〝物の置き場所を決めること〟。そして、〝使ったら必ずもとに戻す〟。

この二つの習慣が身につけば、〝いつも探し物をしている〟ようなことはなくなるはずです。

とはいっても、使った眼鏡を自分の頭にのせて、どこへ行ったかと探す人も多いので、ものの〝定位置〟は、自分の頭の上も候補に入れておくといいかも。

旅行などで長期に留守をする場合の貴重品の隠し場所。

銀行の貸金庫もいいですが、面倒なら、自分で2か所くらい決めておくと、探すのに苦労しないかもしれません。

隠した場所を、携帯する手帳に、〝寝室のベッドのシーツの下〟と、記しておくのも一案。長期の留守の後など、帰宅したときに、どこに隠したのか忘れて大騒ぎにならないように。それを見ればすぐにわかる方法がベスト。

〝手帳に隠し場所を書いたこと〟は、何があっても忘れないことです。

私は、海賊の〝宝探し〟の要領で、隠し場所の地図(わが家のカンタンな見取り図)を作り、それを〝あるところ〟にしまっています。

地図を見れば、探し物の場所がわかり、そこをくまなく探せば見つかることを期待するのですが。

ところが、あるとき、地図の場所をいくら探しても見つからない。

こんなはずはない、たしか戻したはず、と自問しながら、必死で探し回りましたが、見つからない。

探し物は、必死に探しているときには、見つからないことが多い。

なんと、翌朝、ひょっこり、ソファのクッションの下から出てきたのです。

もとに戻そうと思っていたところに、タイミング悪く携帯が鳴り、そのままソファに座って長電話をしてしまい、もとに戻すのをすっかり忘れ、〝お尻の下〟にうずもれ隠れてしまったというわけ。

人は、いかに忘れやすい動物か。

脳が老化し始めた老人ならなおさら。

これは、自分に言い聞かせるいい機会になりました。

以来、思いついたら吉日、何でもすぐやること、を自分に言い聞かせています。

約束を忘れる

年齢に関係なく、何か他の出来事に集中すれば、うっかりとランチや会合、整体などの約束を忘れることがあります。

ビジネス関係でない、リラックスした友人たちとの約束ならなおのこと。

仕事を離れた老人生活ではほとんどが緊張感を伴わない約束事が多いのですが、〝あいつはいつもすっぽかす〟と言われ、日々が寂しいものにならないために、どんなことでも約束や予定は忘れないよう努力したいもの。

仕事バリバリの時代なら毎日手帳を見て確認するのですが、仕事を離れ、悠々自適な老後の生活は、緊張感がなくなり、〝ついうっかり〟があるのが人間の常。

若いころ同様、予定が入れば、すぐ手帳に書いたり、カレンダーにしるしをつけたりすることです。

寝る前、必ず、明日の予定の確認をする習慣があれば、予定そのものを忘れないはず。

この習慣は、若いうちから身につけ、それを継続すればいいだけのことです。

もし、そんな習慣がないまま年を重ねていたら、今こそ、身につけるいい機会かもしれません。


その人なりの暮らしの工夫は、ちょっと知恵を働かせれば、いたるところに転がっていて、それが小さな〝老いの楽しみ〟につながるような気がします。

頭を疲れさせない

「何もしたくない」「やる気がない」「希望が持てない」「なんとなくしんどい」……。

知り合いのBさんは、医師に綿々と訴えたところ、医師から〝老人性うつ病の傾向〟と診断され、さらに落ち込んでしまったらしい。

老人は、肉体的疲労より精神的疲労のほうが知らずにたまってしまう。こうなると、なかなか回復することが難しい。

症状がはっきりとわかりやすい肉体的疲労は、睡眠を十分とり、自然相手に何もしないでのんびり過ごせば、たいていは直せるもの。

が、精神的疲労は早めに手を打たないと、〝老人性うつ〟になったり、その他、厄介な病気を招くことになりそうです。

希望が持てない、元気が出ない。

だれでも、先のことを考えすぎると、つらく、嫌になります。

私の場合、こんな症状が出てきたと思うと、あれこれ考えるのをやめ、まず動く。

外へ出て、近くの自然豊かな公園を歩き回る。

植木に水をやったり、〝チョキチョキ〟とバラの木の枝の手入れをする。
大きく深呼吸をし、身体を動かし、キッチンやリビングの床を拭く。
机の引き出しの整理整頓や食器棚を拭きながら食器を並べ換えてみる。

以上が、私なりの、元気を取り戻す方法です。

疲れたなと思えば、〝一寸先のことでも考えない〟、今できることで、体を動かしてみるのです。

動く習慣

〝チョコチョコ〟動くと、自分の身体のコンディションが整い、心が軽くなったような気分になり、少しずつ前向きの気持ちが生まれます。

書き物や読書に集中しても、必ず1時間に一度は、何かを見つけて身体を動かすことにするのが私流。

ゆっくりと、10回くらいのスクワットもいい、両手を大きく回すのも効果がある。

心と身体はつながっているのですから。

身体の調子が整えば、心の状態も落ち着いてきます。


気分が暗くなりそうになったら、手足をバタバタさせるだけ。

まず、何でもいいから動くこと、身体を動かすこと。

身体が動けば、筋力アップだけではなく、身体内部のコンディションも整い、脳の働きも活発になるような気がします。


料理好きな私は、気分転換に料理をしながら、頭と手を動かす。

ほうれん草をゆでたりするだけでもいい。

これに、鰹節とゴマをかければ、〝ほうれん草の胡麻和え〟が一品出来上がる。

想像するだけで、食いしん坊の私の脳は活性化します。

そして、冷蔵庫を開ければ、栄養価の高い手作りの〝ほうれん草の胡麻和え〟がいつでも食べられるのを待っている安心感。

好きなことで身体を動かせば、一石二鳥、頭も身体も喜びます。

一杯の水

身体がだるく、やる気が起こらないとき、理由のない怒りが満ちたとき。

そんなときは、深呼吸をしてから、軽い運動をした後、コップ一杯の水を飲む。

ゴクゴクと音を立てながら、身体に流し込むと、内なる腸が反応し、自律神経の動きもよくなるようで、なんとなく、心が落ち着き、怒りも和らいでいく。

医学的にいわれるように、自律神経と腸は密接につながっている。

朝晩はもちろん、昼間でも集中力が落ちたなと思うと、気分転換を兼ね、コップ一杯の白湯を飲む。

一日に飲む水の量は、1・5リットルくらいがめやすと言いますが、老人には、難しい。その分、楽しいお茶の時間を増やせばいいのかもしれない。

大事なのは、水が身体全体に染み渡るイメージを持ちながら飲むこと。それだけで、自律神経が活発になるらしい。

温度差に気を配る

ドイツに住んでいたころ、一日の温度差が大きく、その差を考えた服装の工夫が必要でした。

真夏でも、夜の外出には、大きなショールか長袖のカーディガンを持ち歩く。外がミノス（マイナス）の真冬でも、部屋は暖かいので、コートを脱げばインナーは半袖か薄手の長袖のシャツ。

山などでずっと屋外で過ごす場合は、厚手の首まであるトックリのセーター、普段はスカーフやマフラーなどで首回りの温度さを調節したりする。天候で自律神経が乱れないよう、寒暖差に敏感になり、服装で調節し工夫を凝らし、健康的に過ごす。

最近の気候変動の影響のせいか、日本の季節感もヨーロッパ並みで、一日で寒暖差が激しくなることがあり、体調管理が大変になってきたようです。

夏でも部屋は冷えているので、首にマフラーやショールを巻き付けて過ごす。首には健康を司《つかさど》る自律神経が集中し、寒暖差が激しいと乱れ、体調を崩すことが多いので注意が必要です。

真夏、外でかいた汗が引き始めたころ、クーラーが効いた部屋ではカーディガンを羽織ったりして体調管理をする。

男女とも年齢に関係なく、マフラーなどで首回りをいつも温めることが、健康を維持するのに欠かせなくなったようです。

規則正しい生活

前述しましたが、大まかでいいのですが、毎日の決まった行動パターンは大切。

仕事をやめた途端、〝遅寝、遅起き〟になり、一日のスケジュールが崩れてしまう人が多くなるらしい。

最近増えた〝高齢者のおひとり様〟の場合、よほど自分に厳しくないと、自分の好きな時間に起き、一日中寝間着を着たまま、お腹がすけば、インスタント麺や冷凍食品をチンすればいい気分になりがち。

たまに、何もせず、ダラダラと自由に気ままに過ごす時間があってもいい。

でも、毎日がフリーデイ（自由時間）では、暮らしのメリハリが無くなり、生きる緊張感も薄れてしまう。

これといった決まったスケジュールもなく、自由できままな毎日を送る高齢者は、よほど意識しないと、暮らしがだらしなく乱れ、健康生活とは程遠くなりがちです。

できるだけ、小さな毎日の動く習慣を見つけましょう。

毎朝、必ず窓を開け、ベッドを整えてから、寝室を出る習慣は貴重です。

それだけで、身体へのスウィッチが入ります。

水を飲んでから、お湯を沸かし、お茶を2杯飲む。

このような、自分なりの朝のスケジュールを作っていれば、同じことの繰り返しですが、手間がなく自然に気持ちが前向きになれる。

決まったスケジュールをこなしながら、天気がいいのでどこかへ出かけてみるか、ランチは何を食べようか、など予期せぬ楽しいアイデアが舞いこんでくるかもしれません。

観たいテレビのドキュメンタリー番組があるなら、それに合わせて、前後に家事や散歩などその日の時間調整をします。

さらに、一日の中で、どんなに忙しくても、決まった時間に、育てている草花の鉢植えの世話をするなど、小さな習慣を持つことはおすすめ。

一日のうち、時間を決めて、読書や書き物、運動、家事などをすることは健康生活に大切です。

もちろん、決まった時間にとる朝昼晩のきちんとした食事は、言うまでもありません。

何をするか

ドイツに住んでいたころ、終日窓辺に座って外を眺めている老人をよく見かけました。コーヒーをお供に道行く人の姿を眺めて、過ぎゆく時間を味わっている姿。

女同士のおしゃべりをしながら、あるときは、ひとりで静かにお茶を飲みながら。

背景に森の緑や湖が加われば、優雅で静かなモネのような絵を想像させるゆとりある老人の光景です。

でも、そのころ40代初めの私は、その姿はあまりにも退屈で、自分なら数分でもじっとしておれない、我慢できない、と思ったことがあります。

あれから年を重ねた今、そんなゆとりのある贅沢な時間の過ごし方もまんざらではないような気がしています。

でも、やはりそれだけで人生の後半を過ごすには、侘しく、もったいない。


老人には時間が余るほどあるがゆえに、心のうちでは、〝することがわからない〟〝見つからない〟と悩むことも多いかもしれない。

かつて見たドイツの老人たちのように、ただ時間をつぶすのも、たまにはいいかもしれない。

でも、限りある残された時間を有効活用する方法を、自分のために、見つけたい気にもなる。

どんなにお金をかけても楽しい充実した時間が手に入る保証はない。

お金をかけずに知恵を絞れば、楽しく幸せな時間を過ごすことはできそうです。

老人生活は、何もしないでのんびりもいいが、貴重な時間だからこそ、何か毎日のアクセントになるようなものを見つけたい。

そこで、昔の趣味を思いだしてみる。

若いころ、やっていた趣味を再開するのもいいかもしれません。

楽器の演奏、水彩画、短歌などもう一度やってみるのもいかがでしょう。

私は、ピアノとフルートを引っ張り出しては、暇に飽かし、〝ポロンポロン〟と弾き始めました。

若いころのように指先がスムーズに動かず、楽譜の読み間違いもありますが、脳トレーニングにはなりそうです。

夏の森の家では、ひたすら水彩の絵筆を走らせ、ヘタな風景画に挑戦します。

なかなか思うような自然の色彩には届かない自分の才能のなさと苦戦しながら。

ヘタな俳句も時々、知人とメールで〝交換俳句〟をやるようになって、自然の草木に関心が深まり、〝もう立春！　今年の恵方は！〟など、暮らしに小さな季節を感じるよろこびも生まれました。

世話のかからない〝ペット〟を飼ってみませんか。

わが家には、〝愛犬ドンキー〟が2匹います。

本物の愛犬は、空に旅立って久しいのですが、寝室に実物大のぬいぐるみとリビングにはこれも実物大の銅製の置物があります。

本物のペットは、海辺の部屋や森の山荘に出かけたり、仕事や旅行で留守がちな私には、手間がかかり、寂しい思いをさせるので不向きです。

2匹の愛犬は、同じ名前のドンキー。

時々、気軽に声をかけたり話しかけたりでき、一方的に気持ちが通じる良きペットです。

ドイツ語の雑誌

10年前から、ドイツから生活情報雑誌を取り寄せています。ドイツ人の暮らしの家事レシピが中心で、インテリアと料理は、色彩がカラフルで見るだけで新鮮で楽しい。

見ているだけで、ドイツの街中や食卓を思いだす。日本の暮らしとは違ったアレンジや流行のものを見ると、空想の世界が広がり非日常生活に遊び浸れます。

すでに〝忘却の彼方〟のドイツ語、辞書片手に悪戦苦闘することが多いのですが、〝錆《さ》びついたドイツ語と古びた脳〟のトレーニングには大いに役に立っているかもしれません。

マンネリ化した老人生活に、これまでの〝古くて、親しい〟やることを加えるだけで、暮らしの新しい香辛料になりそうです。

〃温故知新《おんこちしん》〃の暮らし、人生の荒波を乗り越えてきた老人だからこそできる特権かもしれません。

経験を積み重ねた老人には、昔を訪ね(温故)、そこから新しい知識や目新しいことを感じる(知新)、それが生きがいにつながる〃何か〃かもしれません。

第3章

簡単に暮らし、上手に住まう

どこに住むか

老いを迎えると、これまで興味のなかった家や住む場所に関心を持つ人が増えるようです。

70代の高校の先輩のA氏から、〝これからの余生は郷里で過ごすことにしました〟とのメールが届きました。

商社の企業戦士として海外で活躍してきた彼は、昨年、連れ合いをなくし、〝これからは自由気ままに生きる〟と故郷の田舎暮らしを選んだようです。

両親の家はすでにないのですが、近くの敷地300坪の古い空き家を買い、〝晴耕雨読〟を楽しんでいるようです。

そういえば、散歩途中の小さな食堂のガラス扉に、〝生まれ故郷の信州で残りの人生を送ることにしました。ありがとうございました〟という閉店のお知らせと感謝の張り紙を見つけたばかりでした。

時々見かけた70代に近い、あのおじさんも店をたたんで今の環境を変え、かつての生まれ故郷への移住を決心したようです。

若人《わこうど》は〝故郷は遠く想うもの〟、でも、老人は〝近くに感じたいもの〟かしら。

いずれも、自然に慣れ親しんだドイツの大作家ヘルマン・ヘッセが言うように、〝故郷は人の心の中にある〟のかもしれません。

郊外の一戸建てから、駅が近いマンションへ住み替えた60代の知人もいる。

子育てや仕事を離れた老年期には、自分にとって快適な場所を見つけ、生活環境を整えるのは大切なこと。

もっと小さな部屋に住み替えたり、空気のいい田舎暮らしを始めたり、気候の温暖な海外へ移住するなど、自分の財力やライフスタイルを考え、自分なりの住まいの選択肢は広がります。

わが家で快適に過ごす

あれこれ引っ越しを考える前に、まず、今の住まいを快適空間にする工夫も大切です。今住んでいる自分の家を快適にする一歩は、すべてのまだ見ぬ〝ローマへの道〟に通じるのですから。

ものを減らしたり、家事・掃除の簡単な方法を考えたり、家具や道具の配置を便利に使いやすくする。

そして、どのように毎日を丁寧にきちんと暮らすかも大切です。

四季折々のあるがままの暮らしを愛でながら、住まいも暮らしも充実させ謳歌《おうか》することこそ〝老人に与えられた特権〟かもしれません。

朝、窓を開ける

前述しましたが、私の一日の始まりは、天候以外のどんなことがあっても、起きたらすぐ窓を開ける。

新鮮な朝の空気を、部屋にも身体にも、流し込むのです。

朝の太陽の光は、脳も活性化され、〝今日も頑張る！〟になれるから不思議。

枕やシーツを整えながら、ベッドまわりや床のごみを整理整頓し、部屋を後にします。

枕やシーツなど、交換するローテーションは2日おきくらいと決めているので、交換の予定のないものは、向きを整えたりしわを伸ばしたり、裏側に風を通したりするだけ。

ベッドルームを出るときは、振り向いて、きちんと部屋が片付いているかどうか確認します。

次に部屋を使うとき、整理整頓された清潔な空間で気持ちよく過ごせるように。

これだけでも、今日一日元気に過ごせるような気分にしてくれる。

この習慣は、肉体が衰えても、少しの〝やる気〟と〝自力で歩ける〟うちはできそうです。

簡単な朝家事のすすめ

年を重ねるごとに、規則正しい毎日の家事習慣は、どんな小さなことでも、心と身体の健康をたもつためには必要です。

家事はもう十分！　というベテランの専業主婦でも家事経験ゼロの仕事専業主夫でも、やる気さえあれば、どんな小さな家事でも見つかります。


だれにも朝は来る！

まず、朝を有効に使う〝朝家事〟から始めてみることです。

家事といっても大げさなものではなく、生きるため、自分の健康のためにやる生活労働と考える。

決められた短い朝の時間を利用する簡単な朝家事。

心も身体も疲れない効率的な家事習慣を身につけるきっかけになる最高のチャンス。


自分のために、簡単な朝食を作る。

たまごをゆで、レタスをちぎって、パンを焼き、コーヒーを入れる。

この動作を自分でやるだけで、立派な〝朝家事〟。

自分の持ち時間の24時間のうちたった数分の朝時間を使うだけで得られる〝自力で家事をやった！〟、この達成感を自分に言い聞かせましょう。


〝これだけはする〟と決めたら、あとは手を動かし、淡々とするだけ。

限られた朝の時間内の家事は、効率的に短時間でやらなければいけないので、気持ちが進めば、やり方の工夫があれこれ生まれるかもしれません。

さらに、朝だけではなく、〝これだけはやる〟ことを、自分の一日の行動パターンの中に見つけるのも楽しいものです。

前述した、私の小さな朝のベッドメイキングのこと、簡単朝ごはんをつくるなど、なんでもいい。

すべては、二度とない、残り少ないこれからの人生の〝幸せな一日〟のためなのです。

私流　簡単朝家事あれこれ

私は、一日の始まりの朝に、〝決まった家事〟を、自分の行動パターンとして取り入れています。

〝使ったついで〟や〝通りかかったついで〟など、そのときにできる家事を習慣化している。

何でもない朝の行動に、簡単な掃除や片づけを組み込んでいるうちに、いつのまにか、ムリなく手や身体が自然に動くようになったようです。

わざわざ、時間や体力を使わなくても、いつのまにか部屋は、そこそこきれいになる。

一日の家事が、朝の短時間にほとんど終了するので、午後からの自由時間も増える。

家事が苦痛になる老齢期には、家事労働を軽くしながら、快適な空間を手に入れることができるので、ますます重宝している。


朝家事は、短時間でするもの。

あれもこれもと欲張らず、簡単な〝やるべきこと〟を選びます。

短時間にできる〝朝食づくり〟、快適な住空間のための〝片づけや小掃除〟くらいでも十分。もちろん、朝晩の植木の花の手入れ、玄関の掃き掃除などなど。

長続きさせるコツは、手が自然にいつのまにか動くようなものを選び習慣化すること。

もし、何かの都合でできない朝があっても、別の日に〝やりくりしてやればいい〟くらいに考えることです。

掃除道具はシンプルなもの

わが家の掃除道具を見せると、誰もが〝これだけですか〟とびっくりするらしい。タオル、大小のスポンジやはたき、それらが小さなバケツに入って洗面台やキッチンの戸棚に収まっている。

しゅろのほうきは、いつでも使えるように、インテリアも兼ねて玄関のコート掛けに吊るし、掃除機は、各部屋ごとに立てかけて置いてある。

窓のサッシの溝など細かいところは、身近な木べらや割りばしを使う。

古くなったコットンやフリースの靴下を手袋のようにはめ、鏡やドアの取っ手を拭くように磨く。

掃除道具は、身近にあるものを便利に使う。

プロだからどんな掃除道具を使っているのか、と期待されると、大いなる失望が待っているほど、わが家の掃除道具は、どこにでもある簡単で単純なものばかり。

便利グッズをわざわざ買い求めなくても、身近なものを工夫して使うと新鮮で、マンネリ化した家事労働にも新しい発見が生まれます。

きれいにする掃除のノウハウは、日々の暮らしの中でこそ生まれます。

37年前、掃除会社を創業したばかりのころ、わが社の掃除のマニュアルを『「そうじ」のヒント』として出版したところ、大ベストセラーになったことがあり、今でもその本は〝掃除のバイブル〟だと自負しています。

汚れは、見つかる前から、見つかったらすぐ、処理してしまう。

新しい汚れは、拭くだけできれいになるので、あれこれ道具を使う必要はない。

タオル一本あれば十分です。

その道のプロの道具は、数も種類も少なく、料理の達人は〝包丁一本、晒《さらし》に巻いて〟の演歌のように、気の向くままどこへでも渡り歩いて修業をするのです。

料理も掃除も同じ。

どんな世界でも、プロは道具よりはそのやり方を学び、日々研鑽《けんさん》に励み、それぞれの優れた技を習得しているのです。

タオルは万能掃除道具

子どものころ、個人の家庭のバスルームだけを磨きまわって生計を立てているおじさんがいました。

月に一度、わが家にも来ていたそのおじさんの掃除道具は、数枚のタオルだけ。

それだけで、どんな家の浴室もまるでマジシャンのようにピカピカに磨き上げるのです。

そのころは、まだ掃除サービスが一般化されず、体力がいる浴室だけを、お手伝いさんの補助として、そのおじさんにお願いし、一般家庭では人気だったようです。

料理人は包丁一本、掃除人はタオル一本。

掃除会社をつくって数年たったころ、このおじさんを思いだし、『タオル一本で家中ピッカピカ』という本を書いたところ、これがまた大ベストセラーに。

著者の私が驚いたのは、多くの方々が少しでも便利で簡単な掃除のやり方を探しているということでした。

ちなみに、ドイツで出会った窓ガラス磨きのプロに感動し、帰国後、掃除会社まで作ってしまった私。やはり、窓ガラス磨きのプロの道具も布とぬるま湯といった簡単なもので、やり方に知恵と工夫があったのです。


タオルは、簡素で簡単な掃除道具。

何度も洗って使えるので環境にも優しく無駄がなく経済的です。


床はもちろん、絨毯《じゅうたん》や畳も拭けます。

湿気を嫌う場所には、濡れたタオルを丸めて、表面の面積を狭くし、手早くさっと掃くように拭くのがコツ。

雑巾のように縫わず、一枚のタオルを、畳んだり丸めたり自由に形を変えて使う。

包帯のように手にグルグル巻き、一方の端を引きながら磨けば、力加減も調節でき、キッチンや浴室の壁など、体力の要る場所もラクに簡単に汚れがとれる。

油汚れがついたキッチンの壁など、とくに体力がいる場所では、タオルを使う掃除は、高齢者にもラクで簡単なのでおすすめです。

手は最高の〝掃除道具〟

レストランやビル掃除は別にして、人が住む家をきれいにするには、多くの掃除道具や洗剤、さらに力も要らない。

道具の種類や数の多さより、単純で使いやすいものがベスト。

適切な道具の使い方や手順がしっかりしていれば、短時間できれいになる。

そして、何よりも一番頼りになるのが、〝手〟。

手は、最高の道具なのです。

家の掃除では、手や身体が使い慣れないものは、どんなに高価で最新鋭の道具でもきれいにならない。

化粧品が値段に関係なく肌に合うかどうかが大切なように。

前述した浴室掃除のおじさんのように、上手なテクニックを持った手とタオルがあれば、どんなに汚れた部屋でもピカピカにすることができるのです。

仕上げは、手でさっと撫でて、スムーズなら見えない汚れもきれいになっている証拠。

見た目はきれいでも、手がザラザラを感じたら、汚れがまだ残っているのです。

〝手のアンテナ〟は、汚れのバロメーターなのです。

軍手掃除

手が最高の道具だとすると、手にぴったりとはまる軍手もなかなか便利な道具。

私は、軍手をはめた手を、〝軍手雑巾〟と呼んで、ラクラク掃除を楽しんでいます。

ランプのカバーや本体、電球などのほこりを撫でるように拭いたり、金属製の照明カバーやドアの取っ手など、繊細な個所も指先を使えばラクにきれいになる。

スウィッチまわりなどは、指先に好みの香りの石鹸《せっけん》を付けてこするだけ。水も不要で汚れも取れ、おまけにいい香りが部屋中に広がる。

〝軍手雑巾〟は、体力の衰えた老人にはぴったり。

はめたまま、運動不足解消を兼ね、部屋の中を歩き回り、鏡やドアノブ、蛇口など家中の〝光もの〟を探しながらきれいにするのもおすすめ。

雨の日、退屈で何もすることが無いときに、軍手をはめ、家中の光ものを探しながら拭いて回るのも楽しい作業。

家中の〝光もの〟がピカピカと輝いていると、なぜか部屋全体がきれいに見えるのです。

使い古した軍手の下にゴム手袋をはめれば、トイレも道具なしで、気楽にゴシゴシ磨け、そのまま捨ててしまえて簡単で手間がかからない。

昔からの綿100%の軍手は、表面がザラザラして、ちょうどブラシやタワシで磨くように汚れが取れ、しかも布ですから傷がつく心配もありません。

軍手は破れるまで何度でも洗って使えるので、経済的で環境にやさしい道具。

ネット通販や量販店でも手に入りますので、色とりどりの軍手をそろえ、そのときの気分で選んで使えば、嫌な掃除が楽しくなります。

玄関は住む人の鏡

子どものころから、〝脱いだ靴は必ずそろえるように〟と厳しく躾《しつ》けられたせいか、いまだに玄関を通過するときは、必ず靴をそろえる習慣が身についているようです。

郷里では、〝玄関の靴が乱れていると、泥棒が入りやすい〟と。

玄関の様子は、その家の住人の生活の乱れや気持ちの緩みを表しているといいます。

さらに、玄関の靴がきちんとそろっていると、それだけで部屋がきれいに見える。

玄関は、最初に出会う家の印象を表し、住む人の暮らしの鏡。

鎌倉時代、禅宗では、禅寺の方丈の建物を玄関と呼び、住職や若い僧侶が問答したり、物を書いたりする大切な場所でもあったようです。

その大切な場所の〝玄関〟ですから、いつもきれいに掃き清め、脱いだ履物をきれいにそろえる作法習慣が厳しく伝えられ守られてきたのです。

禅宗では、〝一掃除、二信心〟と言われ、きれいにする掃除から信心は生まれるという。

玄関がいつも清潔で、履物がきちんと整理整頓された家には、〝暮らし方の背筋〟もピーンと伸び、さわやかな風が部屋中に流れているような気がします。

今日も、出かけるときは靴をそろえ、たたきのごみをチェックする。

外から疲れて帰ってきた私が〝ホッ〟とし、気持ちが安らぐように。

この習慣は、腰が曲がった老婆になってもやめられないかもしれない。

鏡と美しい暮らし

玄関のドアを開ければ、そこには大きな鏡。

ドイツに住んでいたころ、たいていのお宅には大小いろいろな鏡が、玄関の壁にかかっていました。

〝玄関に鏡があると広く見える〟のはわかるのですが、それだけではなく、自宅を訪れるゲストのためなのです。

つまり、たいていのゲストが、玄関の鏡で乱れた髪を整え、身だしなみをチェックできるように、その心配りも含まれている。

玄関の鏡は、自分のため、ゲストのためのもの。

玄関の鏡に慣れ親しむと、よそのお宅を訪問したとき、玄関に鏡がないと、自分の身だしなみを整える場所がなく、戸惑い不安になることがあります。

老人生活には、インテリアと実用を兼ね、鏡を活用しましょう。

わが家は、玄関はもちろん、居間や寝室、ゲストルーム、水回りの壁などに鏡がかかっています。

部屋中の鏡は、自分の姿勢や顔色の健康チェック、玄関の鏡は、ゲストはもちろん、出かけるときの自分の服装も確認できる。

鏡があるだけで、その部屋が広々と見えるインテリア効果もあります。

鏡の手入れは、気が付いたときに、ほこりを払ったり、タオルで拭いたりする。映った自分の姿と同時に、鏡のよごれ度もチェックし、乾いたタオルで拭いておく。

バスルームなど湯気で汚れやすい鏡は、固形せっけんやジャガイモの切り口でこすれば、曇り止めにも。

美しい部屋の基本

年齢に関係なく、たいていの人は、狭くても広くても、いつもきれいな部屋に住みたいと願う。

老いて体力や気力がなくなっても、きれいな部屋を保つために、できること、気を付けることはあります。

豪華でなくてもいい、シンプルで、整理整頓が行き届き、いつでも簡単な掃除がしやすい部屋は、誰がいつみても美しい。

高齢者でもできる美しい部屋を保つためのラク家事の基本は。


窓はこまめに開ける。

床にものを置かない。

汚れたらすぐ拭いてきれいにする。

洗濯はこまめに、いつも清潔感を心がける。

水回りはいつも使ったら拭いておく。

タオルなどの生活備品は、定期的に取り換え清潔に。

トイレなど、余分なカバーや飾り物はほこりの温床になるのでおかない。

掃除道具は、タオルが基本、複雑で重いものは使わない
部屋中が美しく見える工夫をする。例えば、ついた水滴や水回りの蛇口はいつも使ったら拭く。

玄関の靴はそろえる。

香りのする生花を飾る。生きた植物は、最高の自然フレグランス、部屋中をリフレッシュする芳香剤。

水回りはいつもきれいに

健康に暮らすために、トイレやバスルーム、洗面所、キッチンなどの水回りはいつも清潔に心がけることです。

とくに高齢者や幼児のいる家庭はなおさら。

水回りは、やることが多い部屋とは違い、限られた空間。きちんとやることを決めておけば、体力もかからず、いつも清潔でピカピカを保てます。

水回りをいつも清潔できれいに保つためには、汚れたらすぐ拭き、掃除が複雑にならないこと。

時間も体力も使わずにすむように、余分なものを飾ったり置いたりしない。

トイレなど、カバーや置物は、あると掃除の手間もかかり、目に見えないほこりや汚れ、ニオイの温床になるので、不衛生にもなりがち。

わが家のトイレや洗面台には、トイレマットや便器カバーなど余分なものを置いていない。

清潔を心がけたいトイレや浴室、洗面台は、病院のように余分なものはおかず、必要最小限のもので済ますように心がけることも大切です。

手拭き用のタオルも頻繁に取り換え、床も拭き、いつも清潔感あふれるすっきりとした空間を保つこと。

窓を開けたり、換気扇を回したり、換気にも気を配ります。

便器の中は、使ったら柄付きタワシでゴシゴシ磨き水を流すだけ。

換気を十分にし、壁、床や便器の外側は、お湯で拭き、時々は天井のほこり払いも。

余分な飾りのない空間は、余分な汚れもたまらず、時間も体力もかからず、心も軽やかに手入れが行き届きます。


疲れを癒す大切なバスルーム。

お湯を落とした後、バスタブの内外をタオルで磨くように拭く。

水回りの汚れの原因のほとんどは、残った水滴や水あか、湯あか、石鹸カス。

カビ防止に、壁などにも熱いシャワーをかけておく。

お湯を使うバスルームの換気は、湿気対策が特に大切なので、窓を開け、換気扇を回します。

シャンプーなどの小物類は、小さなかごにまとめて入れておけば、移動が簡単で、隅々まで熱いシャワーをかけられます。

汚れたシミ、水あかや湯あかを見つけたら、そこだけを集中して磨いておく。

こうすれば、汚れが染み付いたり重なり頑固になって取れにくくなることがありません。

洗面所は、顔を洗ったり、歯を磨いたりしながら、汚れをチェックし、まわりに飛び散った水滴も乾いたタオルで拭き、ついでに鏡も一緒に拭いておきます。

水回りの手入れを簡単にするためには、〝頑固な汚れ〟をつくらないこと。

汚れは汚れを呼ぶので、使ったらすぐ、また、汚れを見つけたら、そのまま放置しないで、すぐ。

できたばかりの汚れは、〝目に見えない〟新しいうちに退治すること。

〝鉄は熱いうちに打て〟

掃除、特に水回りやキッチンなどの〝ラクラク手入れ〟の鉄則です。

大掃除はやめた！

若くて体力も気力もあるときは、エイヤッと瞬間的にきれいにする〝大掃除〟も有効ですが、肉体的に衰え始めた老人には不向き。

年を重ねるほど、まとめてする掃除は、人の手を借りれば別ですが、時間も体力もかかり、それ以上に心が疲れます。

老人にとって、肉体的に無理が利かなくなっても、小ぎれいに暮らせる掃除術を身につけておくと助かる。

掃除に体力も時間もかけないためには、ふだんから、汚さない工夫も大切。

さらに、汚れたらすぐきれいにする習慣も忘れずに。

使う道具も、自分の身体や手が使いやすいものを選び、使ったら必ず手入れをし、元ある場所に戻しておきます。

道具を丁寧に大切に、次にまた、気持ちよく使えるように。

身体の自由が利かなくなって、ヘルパーさんやお手伝いさんに掃除をお願いするときにも、掃除の知識があれば頼みやすく、イライラせず、便利です。

掃除機の話

掃除機は、床や絨毯、畳などの見えないほこりを吸い取ってくれる便利な道具。

ただ、老人には、体力と手間のかかる厄介な道具にもなっています。

体力がなくても便利に使いこなすためには、軽くてコンパクトなものを選びましょう。

掃除機は、片手でも操作ができるコンパクトなものを、すぐ手が届く便利な場所に置いておく。

私は、水回りを除き、家中ほとんどの掃除は、自分でやることにしていますが、掃除機かけは週に一度だけと決めています。

床に置いているものが無いので、一部屋5分くらいで、スイスイやれる。


最近、超コンパクトで、コードレスで充電式、しかも15分くらいで電源が切れる、超スーパー便利な掃除機を見つけ、重宝しています。

軽いので、階段の持ち運びもラク、採れたごみも透明のプラスチックを取り外して洗って手入れ終了。


部屋の汚れに気が付いたら、いつでも取り出して使える。

軽いので、壁に掛けた絨毯のほこりも片手で吸い取ってくれます。

掃除機をかけた後、部屋はいつも小ぎれいで、ほこりから解放され、さっぱりして、新鮮な空気が流れます。

さらに、決まった時間の掃除機かけは、身体も動かすので、〝ながら掃除機体操〟と自負しています。

さらに、自分でいつも部屋をきれいにしている〝満足感〟にもつながっているような気がします。

〝ながら〟〝ついで〟家事の知恵

年を重ねると、自分の世話も大変なのに、家事・掃除にまで手が回らない。こんな悲鳴を上げる高齢者の声をよく耳にします。

私は、昔から、仕事をしながら家事・掃除をいかに簡単にラクにこなせるかに頭を悩ませ、時間をやりくりしてきましたので、高齢者の仲間入りをした今、その経験が少しは役に立っているようです。

つまり、昔も今も、〝家事に翻弄されないこと〟を心がけている。

自分の生活行動の中に、〝ついで〟や〝ながら〟家事を組み込んでいるのです。

朝、歯を磨き〝ながら〟、鏡の汚れ具合をチェックし、顔を洗う〝ついで〟に、飛び散った水しぶきを拭く。

汚れた蛇口は、歯磨き粉や手洗い用の石鹸を洗剤代わりに使い、〝ついで〟にきれいにする。

道具は、古いタオルを近くに置いておけば、便利です。

その場を離れるときは、掃除はほぼ完了してしまう。

おかげで、わざわざ、掃除の時間を割かなくてもいつも〝そこそこ〟清潔できれい。

完ぺきではありませんが。

フローリングの床は、モップで〝スイスイ〟が一番ですが、古いソックスで歩き回れば、いつのまにか汚れがきれいにとれ、つやも出る。

ソックスの素材は、綿100％でスポーツ用の白いものがベストです。繰り返し、洗濯して使えるので、ちょっとした〝エコ掃除〟気分。汚れやすい床など、〝歩きながら〟掃除した達成感も出ます。

〝ついで〟〝ながら〟家事・掃除の知恵は、なんでもないふだんのあらゆる場面に転がっているので、その気さえあれば容易に見つかります。

時間の余裕のある「老人生活」ならではの、〝家事の知恵探し〟を楽しんでください。

物欲との闘い

大げさかもしれませんが、凡人の人生は、物欲との闘いの歴史かもしれません。

日本の家には、なんと、2万個以上のものがあるそうで、それが「老人生活」を悩ませている原因の一つにもなっているようです。

欲しいと思うものを買い続け、年を重ねた分、〝人生の垢《あか》〟とともに、ものも溜まってしまった結果です。

タンスやクローゼットの中には、衣類やものが〝ぎゅうぎゅう〟に詰められ、挙句は、貸倉庫まで借りたり、ベランダにロッカーまで置いたりする始末。

こうなれば、在庫のリストを作っても、どこに、何が、どれだけあるのかを忘れ、また同じものを買ってしまい、よぶんなものが増え続けるという悪循環をくり返すばかりです。

老人は、**〝亀の甲より年の劫〟**。

人生の大半を過ぎれば、ある程度は自分の好みをはっきりさせることです。

たとえば、家具は木製で色はブラウン、壁にかける絵は植物か風景画とか。

壁の色は、白に近いグレー、これは部屋が広く見える効果があります。

などなど、どんなものにもなぜそれを選んだのか、理由付けしてみるのです。

やがて、自分の趣味や嗜好がはっきり見えてくるかもしれません。

短い人生のさらに残り少なくなった「老人生活」。

これからは、〝余分なものを買い求める労力もお金も無駄、これ以上ものを増やしたくない〟と思うようになれば、もの減らしの第一歩に近づくはずです。

ものと時間

ものが多いと時間を無駄にすることが多いもの。

ましてや、老い先短い老人には、残り少なくなった時間は貴重です。

すぐに使いたいものがどこにあるか見つからず、あちこち探し回らなくてはならないので、貴重な時間が必要以上に無駄になる。

ものが乱雑に置いてあるせいで、転んだり、つまずいてけがをしたりして、余計な時間とお金が無駄になります。

すでにあることを忘れ、同じものを買う手間や時間が余分にかかる。

ものがあふれている部屋は、掃除が大変で、ますます汚れ度がひどくなり、労力も時間もかかる。

やがて、余分なものを買ったり探したり、同じ動作を繰り返しているうちに心も疲れてしまう。

二度とない人生の貴重な残り少ない〝時間と労力〟を無駄にしないためにはどうすればいいかを考えてみます。

○自分が支配コントロールできる数のものを持つ

○すぐ必要なものが手に取れ、すぐ使える状態にしておく

老人は、ものとの付き合い方を簡単にわかりやすくしておくことで、いつ人生を終えることになっても、今を無駄にすることなく、安心して暮らすことができそうです。

無理なく、ものを減らす！

「老人生活」最後にして最大のテーマは、これからものを増やさないこと。

心得は三つです。

○一つ買ったら、一つ処分する
○買うときは何に使うか、どこにしまうかを考える
○欲しいからではなく、今の生活スタイルに合うかどうか

幾つになっても何か買うことで、精神が安定することもあるようです。

〝孤独感がいっぱいで、ものを買うことで癒される〟とテレビショッピングでの顧客は高齢者が多いとか。

とくに、今すぐならお得！　などと時間制限のついた買い物は要注意です。

ものを買うことで寂しさが癒されても、一時的なこと。

繰り返される寂しさに、ついまた買ってしまうという悪循環で、ものが増え続ける。

そんなとき、その場ですぐ買わず、いったん保留にして数日置く。

店での買い物も同じ、買いたい衝動に駆られたら、いったんその場を離れ、お茶でも飲む。

それでも欲しいと思うなら、帰宅して冷却期間を置くことです。

私の経験でも、あれほど欲しかったもののほとんどが、〝買わずによかった！〟に変身します。

食料品の買い出しは、必ず、お茶とせんべいかクッキーを口に入れてから出かけることが鉄則。空腹なら、余分な食料をあれもこれも余分に買いたくなる。

これはドイツも日本も共通のおばあちゃんの知恵です。

最近、中国でも物価高で、その節約術に、余分なものを買うので、〝買い物は空腹では出かけない〟とわざわざテレビで実演までしていたのには、〝日本の誰かの本に書いてあったなあ〟と笑ってしまいました。

どんな家に住むにしても、ものが整理整頓され、掃除がしやすいこと。清潔で快適な住空間は、年齢に関係なく大切なことです。

引っ越しをするにしろ、今の家に住み続けるにしろ、まずは計画的に、無理なく、少しずつ片づけましょう。

家中くまなくチェックし、不用品をすべて〝退治する〟には、かなりの勇気とそれなりの覚悟が必要です。

〝もったいない〟〝思い出がある〟〝いつか使えるかも〟などの邪念が生まれ、必要でないものほど、それなりのこだわりがあるので厄介です。

ものにこだわる人には、執着心が邪魔になり、なかなか勇気の一歩が踏み出せません。

〝必要なものしか〟置いていない森の山荘は、減らすものがなく、快適です。〝人は家に支配されている〟というソローの言葉は、〝なるほど〟と思いながら、でも、ガラクタに囲まれた都会の家に戻ると、ものが〝そこそこ〟あったほうが、便利で安心感に包まれるのも事実です。

まず、〝家に所有されず、支配されない〟ためには、住む家のスペースにものの数を合わせ、今の住まいを整理整頓することから始めるのがおすすめです。

自分以外にはただのガラクタ

よほど整理整頓術に長《た》けている人でも、年を重ねた分、不要なものに囲まれているのが現実かもしれません。

持っているもののほとんどが、自分以外の家族や他人にとってはガラクタ以外の何物でもないことをご存じでしょうか。

現金価値のあるもの以外は、すべてが〝無用の長物〟なのです。

クローゼットやタンスの引き出しから、下着や靴下など同じものがいくつも出てくることがありませんか。

たぶん、足りなくなったら困るとか、安かったからとか、いろいろな理由で買い集めたものかもしれませんが、ほとんどは、必要以上にものを買い続けた結果なのです。

つまり、重ねた年の年輪は、その分ものの数も増えるということです。

ものを少なくしたいけど、もう年だからとあきらめていませんか。

思い立ったら、いつでも吉日。

いつでも、ものを減らすことはできる。

ただし、一度ではなく、自分と相談しながら少しずつ。

衣類などは、一つ買ったら二つ以上処分する。

これは、残り少ない人生で着る衣服の数は限られることを考えれば、容易にできそう。

素材の悪いものから切り離し、最後は、温かく着心地の良いウールやカシミヤだけにするのも実用的で安心です。

捨てる基準を〃老人ホームで着られるかどうか〃に合わせるのも面白いかも。

定位置・定量・定番のルール

ものを増やさないようにするルール。

それは、すべてものには住所を決め（定位置）、そこに入る分だけ（定量）、種類を決めて（定番）を実行するのです。

・定位置

どんなものにも必ず場所を決める。

場所は、自分にとってわかりやすい場所が一番です。

使ったり、新しく補充する場合、必ずもとに戻す。

文具などは、書斎かそれを使う頻度が多い場所の引き出しにまとめる。

車のキーや家のカギなどは、出かけるときに必ず通る玄関の棚や壁にかけたりすれば、探しまわったり、持っていくのを忘れて、イライラすることが少なくなります。

・定量、定番

例えば、私の場合、キッチンの調味料やラップ類は、〃ワン・ストック　ワン・ユース〃。

中味の見えないものは、２個用意し、一個を終了すれば、一個買い足す。

醬油や油など中の量がわかる調味料は、半分使ったら、もう一本買い足すといったように。

こうすれば、キッチンの引き出しや収納庫、冷蔵庫内はいつもきちんと整理整頓が行き届く。

水回りのタオルなどは、コットン100%の白と決める。

白は汚れが目立ちやすいので、使ったらすぐ洗い、いつも清潔感を保つようにできます。

色を決めれば、見た目も統一感があり、整理整頓されている状態が何倍も効果的です。

所有するものの定番(例えば綿100%)を決めておけば、衝動買いも減り、無駄にものが増えない。

欲しくても綿100%でなければ、買うのをあきらめるきっかけになりそうです。

収納スペースは70%

収納の基本は、七割収納。

クローゼットや箪笥のひきだしの中が七割程度の収納なら、必要なものが見てすぐわかり、三割の隙間があれば、風通しもよく、ものも長持ちする。

何よりも、何がどこにどれだけあるかが一目瞭然なので、探す手間が省け、イライラすることも少なくなる。

同じものを何度も買うこともなくなります。

衣類のこと

あと何年、元気でいられるか。

高齢者になれば、誰もが考えざるを得ないことです。

心は、無限大に生き続けたいと願うけれど、老いた肉体は20年以内には確実に終わりがくる。

だとすれば、食べるものと着るものにも限りがあります。

とくに、長い年月の間、いつのまにか増え続けた衣類たち。

今から整理し、数を減らしても、持っている数によっては、最後まで着る機会もなく、残ってしまうのが衣類なのかもしれない。

まだまだ捨てたくない、と未練があっても、あと残された人生が20年とすると、冬用のコートは20回、違うものが4着あるとすれば、なんと、違うコートを合計80回着るチャンスが残っている計算になる。

〝80回だけ？〟と考えるか、〝80回も！〟と考えるかは、人それぞれ。

衣類の種類が多いほど、なかでも愛着のある衣類を着る回数が、年ごとに少なくなっていくことを考えてみる。

衣類の数を少なくして、気に入ったものを使う回数を多くしたい。

そこで、数を減らす覚悟と工夫も必要になります。

私の衣類整理の基準は、今の気持ちを大切にする。

もし、今できなくても、いずれ時間が経てば、心が変わるかもしれない、そのときにまた減らせばいい。

整理の基準は、いきなり、どれを処分するのではなく、どれを残したいか。

処分するものを選ぶほうが簡単で分かりやすいのですが、ものとの決別はなかなかできないもの。

高価だったブランドもの、記念日に大切な人から贈られた思い出のドレス、ここぞというときに着た縁起のいい勝負服、などなど。

そこで、捨てるというマイナス思考ではなく、残すプラスを考えるのです。

○今でもいつもよく着るもの
○似合っていると思われるもの
○自分の好みのデザイン
○上質で、着心地が良いもの
○大切な気持ちや思い出が詰まっている

その結果、捨てるものが何もなかったということでもいい。

そして、次の作業も有効です。

まず、衣類をクローゼットの片隅に集めます。

思い切って処分対象になるのは、好きで手放せないものでも5年以上着ていないもの、サイズの合わないパンツやスカートなど。

50代ごろまでは、洋服に合わせるため、あと2センチなどと、ダイエットも有効でしょうが、高齢者の身体的無理・無駄は健康的ではない。

時間がないので、〃今使えないものは明日もムリ〃と自分に言い聞かせる。

クローゼットやタンスをあけたとき、余分で着られない衣類の数にうんざりするよりは、すぐ気に入った洋服がさっと取り出せる幸せに浸りたいもの。

思い出の品

年輪を重ねた老人同様、古いものには、所有する人のそれぞれの生き方が現れているような気がします。

単なるぬいぐるみでも、長く持ち続けた〝もの〟というより、むしろそれにまつわる物語があり、過去の思い出が重なった〝戦友〟なのです。

私の場合、子どものころに買ってもらった〝お雛様〟を手放せないのですから。

老人と呼ばれる今でも、手放す決心がつかず、それがいつになるのか時期の見当がつきません。

まだ今は一年に一回でも、3月のお雛様の季節には、箱から出して会いたいと思うのです。

思い切って処分しなければいけないのは、〝もの〟ではなく、それまつわる〝思い出〟なのです。

人生には、いつか大きな決断に迫られるときもあり、自分の力ではどうしようもなく、あきらめなければいけないときもある。

過去の思い出に縛られることがよくありますが、私のお雛様のような良い思い出がいっぱい詰まったものなら、心がおもむくまま自然に任せるのもいいかもしれません。

反対に、悪い思い出なら、自分の行動を制限することがあるので、きっぱり処分することです。


性格にもよりますが、潔くキレイサッパリ捨ててしまうのに抵抗のない人は少ない。

むしろ、凡人は、悲しいかな、過去の夢や郷愁にいつまでもこだわり、悩み迷うことが多いもの。


年を重ねた老人には、〝いつか〟〝あのころ〟の思い出より、残り少ない人生の貴重な〝今このとき〟しかない。

過去よりも今、現在進行形で生きる、この気持ちがある限り、元気に前向きで過ごせそうな気がしませんか。

老人には、背負いすぎた過去やものから解放され、のびのびと自由を楽しむことも大切な気がします。

一日1個以上減らす

エイヤッと、一度にもの減らしをする体力や気力に自信のない人は、〝一日1個減らす〟だけでもいい。

すべての始まりは、今日一日の1個から。

一年たつと、365個ものものが少なくなります。

完全にものをなくすことはできないので、コツコツとやって、〝後はどうにでもなる〟くらいの気持ちが自然でラクです。

クローゼットや部屋の片隅に、大きな紙袋を用意し、要らないと思うものを入れていく方法は、かなり効果があります。

一週間に一度、ごみの日に、中を不要かどうか再チェックし、潔く処分します。


すぐ捨てるものの基準を持つこともおすすめ。

修理不能の壊れたもの、使用期間や消費期間が過ぎたもの、場所をとるだけの擦り切れた古い家具、サイズの合わない衣類、何年も開けていない段ボール箱、など。

〝もの退治〟は、自分が納得する方法で始めることです。

自分でつくる快適な場所

最後まで、人生の主役は自分自身です。

住まいを上手に演出するのは、自分のため。

人からみて、〝素敵なお住まいですね〟といわれるのも嬉しいもの。

何より老人の生きる自信にもつながるような気がする。

そのためにも、どこか一か所でもいい、一つでもいい、自分が快適と思える空間や場所を持っていること。

人が、心から〝いいな〟と思うのは、豪華できらびやかな人手やお金がかかった暮らしではありません。

ドイツに住んでいたころ、近所に住む老婦人からお茶に誘われたことがありました。

朝、ゴミ出しに外へでたとき、向かいに住むそのご婦人から〝お茶でもいかが〟と声をかけられたのです。

急な話でしたが、ちょうど興味と暇が重なったので、お邪魔することにしたのですが、招かれたのはなんと小ぎれいに整った小さなキッチン。

ひとり暮らし用の小さな朝食用のテーブルで、〝ここが一番落ち着くから〟と、美味しい手作りのクーヘンと温かいコーヒーをいただきながら、習いたての片言ドイツ語でも会話が弾み、快適な空間で楽しい時間を過ごした思い出がある。

自分が居心地いい場所に、人を招き入れる〝おもてなし〟の心。

家のどこかに清潔で快適な〝自分の城〟があれば、狭い広いにかかわらず、いつでも人を招いて楽しいお茶の時間を過ごせる。

老婦人のキッチンはけっして豪華ではないのに、いつも手入れが行き届いた居心地いい〝素敵〟な社交空間でした。

あのころの老婦人と同じような年齢になった今、いつでも人をお茶に誘える空間を用意する気持ちだけは持ち続けたいと思っている。

住まいに変化を

どんな美男美女でも、長年見ていると、それなりに〝くたびれ感〟や〝ほころび〟が目立ち、味気なく、飽きが来るのは自然なことです。繰り返される日々は大切なものですが、それが変化のない環境で単調に営まれるとしたら、生活が退屈で苦痛になるかもしれません。

肉体的に緩慢になりがちな老人には、環境の激変は、心身とも危険が伴いますが、毎日感じたり見たりする〝ちょっとした変化〟は、脳に注意力を呼び戻すチャンスにもつながる。

私は、普段は、クラシック音楽を聴きながら、家事や仕事、書き物をする。休日に、ちょっと普段と違う変化が欲しいとき、ジャズやポップ、民謡を聴いたりします。

テンポの速い曲をかけ、身体を動かして、運動不足を補うこともある。

部屋の見慣れたインテリアに少し変化が欲しくなったら、置き場所を変えてみる。

壁にかかった絵も、ドイツから持ち帰った風景の画集の一枚を選び、月に一度、違う絵を額に入れ替えて楽しむ。

この画集、気に入った絵が簡単にはがせるようになっている便利な優れもの。飾っている絵が替わると、部屋の雰囲気もずいぶん変わり、新鮮な空気が部屋にも身体にも流れるようで、気分転換になる。

年を重ねると、同じことの繰り返しのほうがラクで便利ですが、自分なりに、面倒でも少し変化をつけてみると、気分も身体も活性化し、新しい発見につながる気がする。

老人と花

時々、散歩のコースや時間を変える。

ワンコインで買える花々が並んでいるコンビニの前を通るのが目的です。

今日は、どんな花々が並んでいるかしら。

いつも季節感あふれる花々が明るく迎えてくれるので元気がもらえる。

ゆり、カスミソウ、カーネーション、桃や桜の花の枝、キキョウ、野ばらや山椒、梅雨時はアジサイの鉢植えまでそろっている。

売っている数が少ないので、いつも、売り切れごめん！　の状態で、早い者勝ち。

〝人気なので、よく売れるでしょう？〟と聞くと、外国人の若い店員さんは〝おばあさんがよく買ってくれます〟と、私の顔を見ながら宣《のたま》ったのです！


子どものころから花に囲まれ自然の中で育った私。

日々の暮らしの中で、生花のない暮らしは考えられないし、欠かせない。


わが家の玄関の定位置にあるカサブランカの入ったガラスの花瓶。

そこに生花が一輪あるだけで、部屋が明るくなってさわやかな自然の香りが部屋中に広がる。

玄関を出入りするたびに、花の香り包まれ、心が落ち着き穏やかになるような気がするのです。

最近は、散歩の足を延ばし、新宿まで出かける。

大手衣類量販店の一角に、〝花屋さん〟を見つけたのです。

値段も手ごろで、まとめ買いすればさらに安くなる。

足が元気なうちは、まだまだ花を求めて歩けそう。

ちょっとエコな暮らし

新しい技術や製品があふれ、ＡＩロボットなどと言われると、老人には理解不能で手に負えない時代になりました。

完全な自給自足生活は無理でも、便利な世の中を少し取り入れ、楽しみながらちょっとばかり〝エコな暮らし〟はできそう。

例えば、〝ものは必ず数回使う〟〝身近にあるものを利用する〟〝もったいない心をもつ〟〝自然な暮らしを楽しむ〟。

これだけで、十分、立派なエコロジー生活と言えませんか。

猛暑を避ける

連日の30度を超す暑さに、日本中、コロナ予防に熱中症対策が加わり、右往左往している。

特に、高齢者には、夏の猛暑対策が死活問題にもなっています。

〝家の作りやうは、夏をむねとすべし。冬は、いかなる所にも住まる〟『徒然草《つれづれぐさ》』の中で吉田兼好《よしだけんこう》は、〝家の作り方は、夏を中心とするのがいい〟と説く。

昔の日本も蒸し暑く、いかに夏を涼しく快適に過ごすかに、人々は頭を悩ませたようです。

温暖化が進み、地球環境や異常気象を考えれば、なおさら、〝住まいは夏を基本とするべし〟かも。

昔の日本も、夏はかなり蒸し暑かったようですが、今は、それ以上に気候変動が加わり、エアコンなどの家電の手を借りなくては住みづらくなっているようです。

住まいは、木と紙と土でできていた『徒然草』の時代と異なり、今は、アルミサッシや新建材で囲まれた密閉家屋が大半を占める。

木と紙などの自然素材は呼吸をするので、蒸し暑い夏といえども少しは工夫をすれば耐えられたかもしれません。

その反面、冬は隙間から冷たい空気が入り、快適な生活とは程遠く、かなりの寒さとの闘いが強いられたのですが。

日本の気候風土に合った呼吸をする自然素材の家と違い、外国から入ってきた新建材からなる現代の家は、密閉度が高く、人工的に呼吸をさせなくてはいけない。

クーラーや扇風機を頼りに、窓を閉め外からの風を遮断した状態で使うと、熱中症の原因にもなりそうです。

健康的で快適な住まいは、風が自由に通る家がいちばん。猛暑の夏でも、エアコンの力を借りながら、窓を開けたり、換気扇を回したりして、部屋中に風を通すことが人にも住まいにも健康的です。

住まいを涼しくするには、夏の暑い陽差しが、部屋に差し込まないこと。夏の陽射しを遮るには、カーテンやブラインド、昔ながらのヘチマ棚や朝顔棚などの植物の手を借ります。

暑さ対策も身近な自然のもので、いろいろと知恵を絞れそうです。昔の日本の夏の家具も部屋を涼しくするのに役に立ちます。

昭和の子どものころ、まだ、季節に応じて夏の家具を使う習慣が残っていました。

梅雨が明けると、母たち主婦の夏を迎える仕事は、部屋中のふすまや障子を取り外し、風通しの良いすだれをかけたり、ふすまや木戸を葦戸《よしど》に入れ替えることでした。

夏の初め、学校から帰ると、部屋中が、ふすまや障子の代わりに、明るいすだれや葦戸に様変わりしたのを見ると、〝夏が来た！〟と夏っ子の心が躍ったものです。

やがて、8月も終わり新学期が始まるころには、夏の建具は姿を消し、重苦しいふすまや障子に入れ替わる。

〝夏も終わってしまった〟と、遠くへ去っていく楽しい夏の思い出をいつまでも名残惜しく感じたものです。

猛暑でも、外で遊びに明け暮れした子ども時代を過ごしたせいか、今でも冷房が苦手。

暑くて寝苦しい夜も、窓を開けたまま冷房をかけ、昼間でもエアコンを使いながら窓を少し開け放し、換気をする。

電気代は気になりますが、部屋が密閉され空気が濁ると、かえって不健康で熱中症になる危険もあるのです。

鉄筋アパートの４階に住む80代の知人は、クーラーは使わず、扇風機を開けた窓へ向かって回し、寝るときも冷蔵庫で冷やした水枕を首に巻いて寝るそうです。

その話を聞いた私は、子どものころの〝そば枕〟を思いだし、あちこち探し回ってやっと見つけ、真夏用に重宝している。

今は手に入れるのがなかなか難しいそば枕。

そば殻が入っているので、熱を逃がし、身体を冷やしてくれる役割もある。

硬すぎず、柔らかすぎないので、私の頭にぴったりと収まり、寝苦しい真夏でも安眠できる。

エコな〝ヘチマ棚〟

昨夏、近くの小学校で、ヘチマ棚を見つけました。

子どもたちが社会教育の一環で育てているようですが、この猛暑の中、水やりも大変でしょう。

子どものころは、夏になると当たり前のように各々の家の庭で、ヘチマ棚を育てているのをよく見かけたもの。

ヘチマは蔓性の植物なので、天然の日陰の〝ヘチマ棚〟を作って、真夏の暑さをしのぐのにはとても重宝する。

ツルが元気に伸び、葉も広いので、日除けにはもってこい。

父の作るヘチマからは化粧水がとれ、乾かせばタワシにもなり、使わなくなったヘチマは土に返す。

ヘチマは、隅々まで環境にやさしい理にかなった植物なのです。

家の南側に、父の作ったヘチマ棚の間をぬって、涼しい真夏の風が開け放した窓から入ってくる。

心地よい夏の風を枕にして、畳の上で横になると、いつの間にか夢心地に。

そんな子ども時代の夏の午後の過ごし方は、今思いだしても、最高に贅沢な気分になります。

今でも、地方へ出かけると見かけることがありますが、西側の窓には、葦簀《よしず》を立てかける方法もある。

西日が直接部屋に差し込まないように工夫をするのです。

夏の夕方、陽が傾いたころ、庭や玄関先に柄杓《ひしゃく》やホースで水を撒く光景。

昔はどの家でもよく見かけたものです。

打ち水は、ほこりを立てずに掃除をするための昔からの日本人の生活の知恵。夏の打ち水は、水が水蒸気に変わるとき、地表の熱を奪ってくれるので、自然の冷却効果があるのです。

日本人は、ヘチマをはじめとして、植物を道具にするという工夫をしてきた。昔の人は、わざわざエコ生活を意識していたわけではなく、身近なものを暮らしの必要に応じて利用していたのです。

昔の人と同じことは無理としても、このような暮らしの精神は、老人には、脳や身体の健康のために大切なことかもしれません。

丁寧に住まう

お茶にいらっしゃいませんか。

かつて暮らしたドイツで、気楽に近所の老婦人たちからお茶に誘われたように、いつもどなたでも気楽にわが家へ立ち寄れる住まいが理想です。

そのためには、トイレや洗面所の水回りは、いつも清潔にきれいにしておく。

手拭き用のタオルは、定期的に取り換え、トイレットペーパーは、必ず予備を置き、ホテルのように三角に折っておく。

こうすれば、トイレ全体が美しく整っているように見えます。

玄関の生花はいつも絶やさず、新鮮なものを飾り、ドアを開けたときのニオイに気を配る。

一日1回は、必ず窓を開け、部屋には新鮮な風が行き来するように心がける。

部屋のニオイにも敏感になり、キッチンから漂う調理臭に配慮し、ゲストを迎える前には、コーヒーを沸かして、部屋のニオイを撃退する。

ホームパーティの後は、必ず、部屋の空気を入れ替える。

これは、ドイツで学んだおばあちゃんの知恵。

時々、蛇口やドアノブなどが汚れたままになっていないか、チェックする。

ピカピカに磨かれた金属の蛇口やドアノブは、部屋が美しく、掃除がさらに行き届いて見える〝掃除のプロのテクニック〟です。

立つ鳥あとを濁さず

ソファに座った後は、クッションやカバーなどのしわや乱れを整えておく。

床に落ちたごみを見つけたら、すぐ拾ってきれいにする。

テーブル上の読みかけの雑誌や新聞は、いつもきちんと同じ方向にそろえて置く。

このような日々の丁寧な住まい方は、いつでも安心して人を招き入れることができるのです。

気軽に人を呼べる環境は、毎日の心のハリと健康に欠かせないような気がする。

四季を愛《め》で、楽しむ

四季折々の暮らしを大切に愛《め》で楽しむ。

年を重ねるごとに、日本人として最高に贅沢な暮らしに思えるようになりました。

何よりもあるがまま自然を大切に過ごすことは、〝老いの楽しみ〟にもなりそうです。

日々の暮らしの中で、四季折々の暮らしの行事を楽しむことは、何でもない老後の日常の再発見にもつながる。

自然に目を向けることで、季節ごとの恵みに感謝し、丁寧に生きることの大切さを教わるような気がします。

老人にとっての毎日は、残された日々の〝一期一会〟です。

老いの楽しみにもなる〝季節の習慣〟

1月

正月のお祝いは、大げさではなく、自分なりのやり方が楽です。
玄関ドアやリビングのテーブルの上などに、小さな鏡餅を飾ります。
飾る日は、昔からの縁起習慣を守り、12月28日ごろまでに。

七草がゆ

冬の疲れを癒すため、身体を大切に、風邪を引かないように、などの意味を込めて。
デパ地下やスーパーで買った七草セットで、〝七草がゆ〟を作ります。
春の七草は、「ナズナ、ゴギョウ、ハコベ、ホトケノザ、せり、スズナ、スズシロ」。
これが全部スラスラ言えれば、衰えかけた老人の脳トレにもなりそうです。

2月

「鬼は外、福は内」と大声で数粒の豆まきをします。
あとで拾うのが大変なので、ほんの気持ちの数、数粒だけ。
手作りの恵方巻を、そのときの方位を向いて、〝ガブリ〟と食べる。

巻きずしも時々作らないと上手くできなくなるので、母伝来の、ほうれん草をたっぷり入れたレシピで作ります。

3月

海外まで一緒に旅した子どものころからの内裏雛。
少しでも長く一緒にいたいので、2月の中旬ごろから、玄関ホールに早めに飾ります。

4月、5月、6月

お花見

わが家の小さな庭の大きな桜の木を眺めながら、お茶を飲みます。
地面に散った桜の花びらは、拾い集めて、塩漬けにして、さくら湯で楽しむ。

新茶の季節

お茶の好きな私は、手に入れた少量の新茶をぬるま湯でいただきます。
立春から数えて八十八夜の一番茶は、不老長寿の縁起物。
うまみの素になるアミノ酸のテアニンが多く、心身をリラックスさせるといわれます。

しょうぶ湯

端午の節句のしょうぶ湯を楽しむ。
お湯に浮かべたしょうぶの葉には、疲労回復効果があるといわれます。

7月、8月

避暑を兼ね、森の家で過ごすことが多いのですが、夜空にきらめく数えきれない星を眺めていると時間の経つも忘れてしまいます。

七夕

織姫と牽牛の壮大でロマンチックな物語を思い浮かべるだけで、乙女のような気分になれます。

お盆

お墓参りに行くお彼岸と違い、お盆は先祖が家に帰ってくるのを迎える行事。

キュウリやなすに割りばしを刺して、お供えします。

キュウリは先祖を早く迎えるための馬、なすはゆっくりと帰ってもらうための牛に見立てているのです。

夏の風物詩の盆踊り。

もともとは、先祖を迎えるよろこびを身体で表したお祭りでした。

9月、10月、11月、12月

9月の十五夜、10月の十三夜のお月見。

満月の見える窓辺に、ススキを飾り、お団子をいただく。

十五夜と十三夜は、できれば、両方見たほうが、縁起がいいそうです。

十三夜は、別名、栗名月や豆名月と呼ばれるので、おつまみに枝豆を食べながらワインを飲みます。

冬至

ゆずとカボチャが美味しくなるころ。

森の家から持ち帰って窓辺に飾っていたカボチャも食べごろ。煮たりてんぷらにしたり。

口に含むとホクホクして栄養満点、おかげで風邪知らず。

クリスマス

ドイツから持ち帰った小さなクリスマスツリーに、木製の靴や小人や天使、星などのかわいいクリスマスグッズを飾ります。

部屋には、ロウソクの光と暖炉の炎、ゴスペルを聴きながら、ワイングラスを傾ける。

静かで穏やかな時間が、ゆっくりと流れていく。

あと何回こんなときを持てるだろうか、しみじみと貴重な〝老いの時間〟を味わいます。

大晦日

除夜の鐘と年越しそば。

コロナのせいで、この数年は、日本で過ごすことが多くなりました。

初詣は、人混みを避け、年内に済ませることにしているので、ゆっくりと家で過ごす。

うどん派の私ですが、年越しは、細くて長いそばにあやかって、いつまでも元気に過ごしたいと、にわかそば派に。

鰹節と昆布でだしをとり、ネギと甘く煮た鶏肉をのせ、フーフー言いながら熱々をいただく。

遠くから聞こえてくる除夜の鐘の音を聞きながら、老いてもまだありそうな108の煩悩を心から洗い流すことができたらと願うのですが。


日本ならではの四季の移り変わり。

「雪、花、雨、月」の季節は、四季折々の自然の美しい装いを愛で、楽しむ最高のチャンス。日本人に生まれて本当に良かったとしみじみと思う。

四季の行事を愛で、楽しむ習慣は、毎日を丁寧に暮らすことにもつながり、老いた心にも〝ゆとりと潤い〟を与えてくれます。

毎年繰り返される四季折々の自然との出会いや行事、人が年を重ねていく中で、来年は今年と同じではないかもしれない。

今は一回限り、二度とない。

だから、今を丁寧に、大切に生きることに意味があるのです。

エピローグ

年をとることは、恥ずかしく、哀れなことなのでしょうか。

わが森の家の庭には、樹齢100年以上もありそうな広葉樹や針葉樹が大きく空に向かってそびえている。

その堂々とした姿は、年輪を重ねてきたことに誇りを持って生きているかのよう。

よくみると、古い木の枝や枝分かれの根元にたくさんの苔《こけ》が生えているのがわかる。

この苔の中には、木の栄養になる天然の肥料が蓄えられ、雨が降ると地面に落ち、根元に吸収されるという。

老木こそ、土地を肥やし、子や孫の木々の生長しやすい環境を作っている。

まだ生長過程で、苔の生えない若き木々たちの生長の手助けをしているのです。

では、老人は、自然界の老木のような役割ができるのだろうか。

年をとることによる外見的変化は、木々も人も同じ。

人は、髪が薄くなったり、歯がなくなったり、新しい毛や歯は生えて来なくなる。

樹齢100年以上の木は、広葉樹も針葉樹も、上に向かって伸びていた枝の生長が止まり、人間同様、背が伸びない代わりに、太って、低木になっていく。

老人同様、老木も背が低くなって小太りになる。老いた木が、厳しい自然界を生き抜くには、太って背が低くなったほうが、長生きできる。

人間同様、木々も厳しい風雪や嵐に耐えながらえても、やがて、終わりが来るのです。

木々にも寿命があり、幹が折れて地面に倒れ朽ちてしまう。

やがて、終わりを迎えて朽ちた老木のまわりには、小さな若い木々が元気に育ち始める。

夏、森の家の庭を歩いていると、地面に倒れた朽ち木の下から、かわいい若い木がひょっこり顔を出していることがあります。

老木は、朽ちても、終わりではなく、森の中で若い木々を支え守り続けていく。

生まれたばかりの若い木に、厳しい風雪に耐え生長するよう、〝頑張って！〟と、そっと声をかけたくなる。

老いて朽ちた木は、森の中でこれからも役に立つ何かを担い続けている。

老人も、老木同様、何かの役を担っていると自負し、堂々と生きていけばいいのです。

初めての〝老い〟の現実に迷うことなく、自然のあるがまま、上手に生きる。

まわりのすべての人々に、心から感謝を！

2024年初夏　　沖　幸子

沖　幸子（オキ サチコ）

兵庫県生まれ。生活経済評論家。家事サポートサービス「フラオ　グルッペ」代表。大学客員教授（起業論）や経済産業省、厚生労働省などの政府審議会委員も務める。

神戸大学卒業後、ANA、洗剤メーカーを経て、ドイツ、イギリス、オランダで生活マーケティングを学び、グローバルな視点を持つ暮らしのデザイナー・女性起業家として、メディアで活躍。「掃除界のカリスマ」として知られ、家事や暮らしが楽しくなる数々のエッセイや評論を執筆している。

著書は、『ドイツ流　掃除の賢人』（光文社）、『50 過ぎたら、ものは引き算、心は足し算』（祥伝社）、『60 からは　喜びはかけ算　悲しみは割り算』（世界文化社）、『70 過ぎたら　あるがまま、上手に暮らす』（祥伝社）など多数。

初めての“老い”を上手に生きる

2024年7月5日　初版第1刷発行

著者　沖幸子
発行者　池田圭子
発行所　笠間書院
〒101-0064　東京都千代田区神田猿楽町2-2-3
電話：03-3295-1331　FAX：03-3294-0996

ISBN 978-4-305-71017-8 Printed in Japan

イラスト　沖幸子
写　真　半田広徳
装幀・デザイン　森田直（フロッグキングスタジオ）
本文組版　キャップス
印刷・製本　平河工業社

https://kasamashoin.jp